浄土真宗本願寺派

葬儀・中陰 勤行聖典

解説と聖典意訳

目次

1 臨終勤行

りんじゅうごんぎょう

◇聞法生活の総まとめ

臨終《りんじゅう》を迎えますと、一般に枕経《まくらぎょう》がつとめられます。枕経とは、人の生命《いのち》が終わる時、念仏者が最後にもう一度、これまでの聞法《もんぽう》の生活を総まとめする意味での読経《どっきょう》です。出来れば本人がそれを行うべきですが、残念ながら出来ません。それで、日頃、御法義《ごほうぎ》の上で最も親密だった手次寺《てつぎでら》の住職や家族、親類、友人などが、本人と一緒におつとめをするのです。だから、本来ならば、まだ脈のある間におつとめをし、念仏の声を死んでゆく人にも聞かしむべきでしょうし、正式には臨《りん》終勤行《じゅうごんぎょう》とよぶべきでありましょう。

この際には、どのお経をあげてもよろしいのですが、一般には「是人終時《ぜにんじゅうじ》　心不《しんぷ》転倒《てんどう》　即得往生《そくとくおうじょう》　阿弥陀仏《あみだぶつ》　極楽国土《ごくらくこくど》」(この人〈命《いのち》の〉終わる時に臨《のぞ》んで心は転倒《てんどう》せず、即ち阿弥陀仏の極楽国土に往生することを得《う》る)の文のある『仏説阿弥陀経《ぶっせつあみだきょう》』をあげるのが普通です。順序は次のとおりです。

1　磬《きん》　二声
2　仏説阿弥陀経(中切　磬一声または三声)
3　磬　一声

4　短念仏　一回
5　磬　一声
6　短念仏　五回
7　磬　一声
8　念仏
9　添引和讃《そえびきわさん》二首（弘誓《ぐぜい》ノ力ヲカフラズ
バ……、娑婆永劫《しゃばようごう》ノ苦ヲステテ……）
10　回向（願以此功徳……）
11　磬　三声

◇臨終勤行の心得

臨終勤行に当たっては、つぎのように用意します。

イ　脈拍が止まると、上眼瞼《うわまぶた》を閉じ掌《たなごころ》を胸の前で組み合わせ、故人が病臥中、ともすれば汚れがちの寝具など、せめてシーツだけでも、できれば洗いさらしたものにとりかえ、遺体の襟《えり》もとも、見苦しくないようにととのえます。薬湯《やくとう》の類も今は不用です。部屋（できれば仏間《ぶつま》）を簡単に清掃・整頓して、お寺や親戚・知人に連絡します。

ロ　仏壇の前を空《あ》けて（住職がお仏壇にむかい、故人・親族ともどもにおつとめをするために）遺体を安置し（できれば北枕、または西枕）、顔に白布をかけます。

ハ　仏壇は火急の際なので平常のまま。*三具足《みつぐそく》。*打敷《うちしき》なし。（但し、できれば*戸帳《とちょう》は白、*糸華鬘《いとけまん》も白にかえる。金華鬘《かねけまん》ならば取りかえる必要は無い。）仏華《ぶっか》も出来れば樒《しきみ》にかえる。
（樒は何本でもよい）

ニ　*点火《てんか》、*点燭《てんしょく》（白蝋燭《しろうそく》）、*燃香《ねんこう》

ホ　遺体の前に香卓《こうじょく》（上に香炉）

ヘ　仏壇の無い場合は、六字尊号を奉懸して勤行する。出来れば三具足程度の荘厳をする。

註

三具足《みつぐそく》＝香炉、蝋燭立、花瓶

打敷《うちしき》＝三具足や五具足（香炉、蝋燭立一対、花瓶一対）を置く卓にかける錦または金襴製の敷物

戸帳《とちょう》＝仏壇の中、本尊を安置する宮殿《くうでん》の入口にかける戸張《とばり》

華鬘《けまん》＝戸帳の上部につける飾り

点火《てんか》＝仏壇の輪灯や灯篭などに火を点《とも》すこと

点燭《てんしょく》＝蝋燭に火を点《とも》すこと

燃《ねん》香《こう》＝線香を供えること。線香は必ず寝かせて供える

○臨終勤行の図

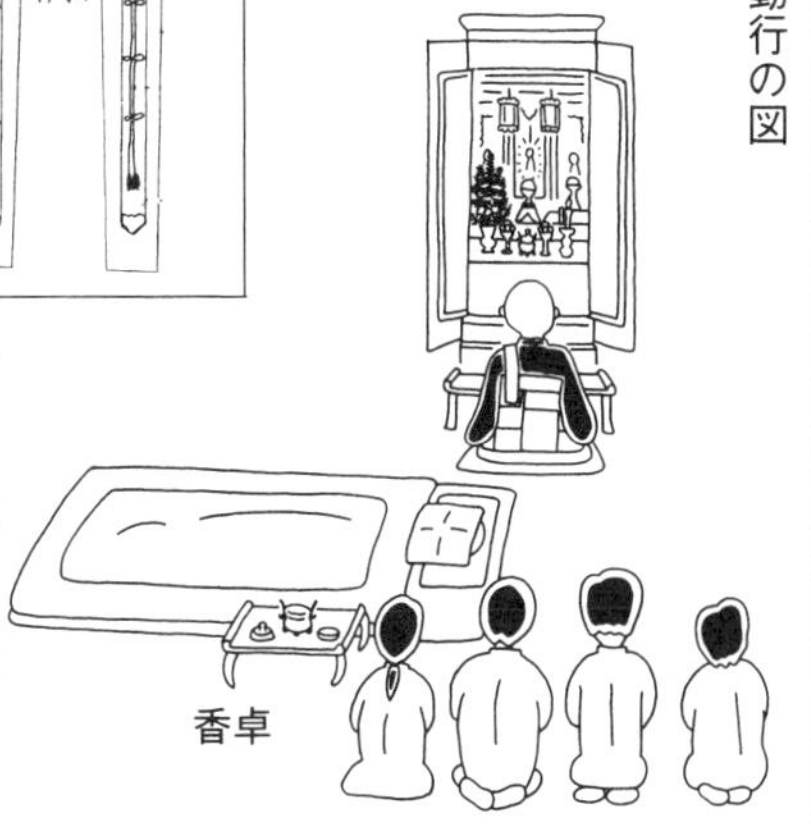

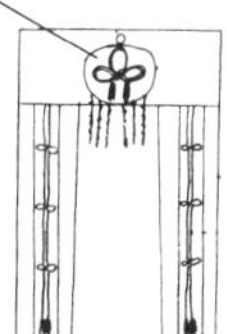

燃香
（線香を寝かせる）

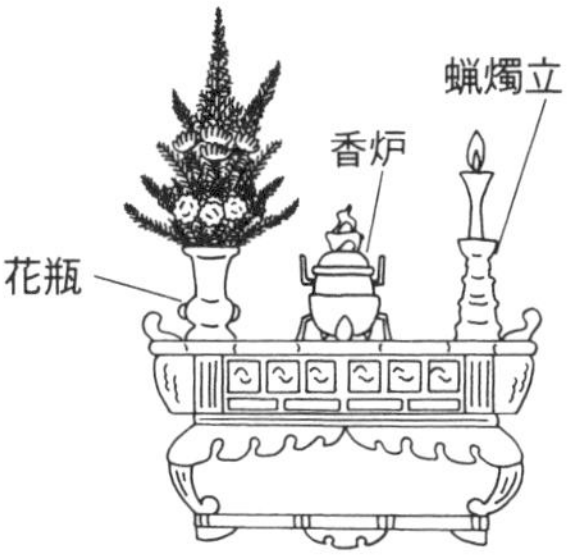

前卓と三具足

○臨終勤行

（還骨勤行・中陰勤行に於いても『阿弥陀経』を読誦するので、その場合の和讃を「臨終勤行」の次項〈二六頁～〉に付す。尚、念仏、回向は「臨終勤行」と同じ。）

鏧二声○○　出音八調ミ

●佛《ぶっ》說《せつ》阿《あ》彌《み》陀《だ》經《きょう》

姚《よう》秦《しん》三《さん》藏《ぞう》法《ほう》師《し》鳩《く》摩《ま》羅《ら》什《じゅう》奉《ぶ》詔《しょう》　譯《やく》

同音

如《にょ》是《ぜ》我《が》聞《もん》・一《いち》時《じ》佛《ぶつ》在《ざい》・舍《しゃ》衞《え》國《こく》・祇《ぎ》樹《じゅ》給《きっ》孤《こ》獨《どく》園《おん》・與《よ》大《だい》比《び》丘《く》衆《しゅ》・千《せん》二《に》百《ひゃく》五《ご》十《じゅう》人《にん》倶《く》・皆《かい》是《ぜ》大《だい》阿《あ》羅《ら》漢《かん》・衆《しゅ》所《しょ》知《ち》識《しき》・長《ちょう》老《ろう》舍《しゃ》利《り》弗《ほっ》・摩《ま》訶《か》目《もっ》犍《けん》連《れん》・摩《ま》訶《か》迦《か》葉《しょう》・摩《ま》訶《か》迦《か》旃《せん》延《ねん》・摩《ま》訶《か》倶《く》絺《ち》羅《ら》・離《り》婆《は》多《た》・周《しゅ》利《り》

槃《はん》陀《だ》伽《が》・難《なん》陀《だ》・阿《あ》難《なん》陀《だ》・羅《ら》睺《ご》羅《ら》・憍《きょう》梵《ぼん》波《は》提《だい》・賓《びん》頭《ず》盧《る》頗《は》羅《ら》堕《だ》・迦《か》留《る》陀《だ》夷《い》・摩《ま》訶《か》劫《こう》賓《ひん》那《な》・薄《は》拘《く》羅《ら》・阿《あ》㝹《ぬ》樓《る》駄《だ》・如《にょ》是《ぜ》等《とう》・諸《しょ》大《だい》弟《で》子《し》・并《びょう》諸《しょ》菩《ぼ》薩《さつ》摩《ま》訶《か》薩《さつ》・文《もん》殊《じゅ》師《し》利《り》法《ほう》王《おう》子《じ》・阿《あ》逸《いっ》多《た》菩《ぼ》薩《さつ》・乾《けん》陀《だ》訶《か》提《だい》菩《ぼ》薩《さつ》・常《じょう》精《しょう》進《じん》菩《ぼ》薩《さつ》・與《よ》如《にょ》是《ぜ》等《とう》・諸《しょ》大《だい》菩《ぼ》薩《さつ》・及《ぎゅう》釋《しゃく》提《だい》桓《かん》因《いん》等《とう》・無《む》量《りょう》諸《しょ》天《てん》・大《だい》衆《しゅ》倶《く》・

爾《に》時《じ》佛《ぶつ》告《ごう》・長《ちょう》老《ろう》舎《しゃ》利《り》弗《ほつ》・從《じゅう》是《ぜ》西《さい》方《ほう》・過《か》十《じゅう》萬《まん》億《のく》
佛《ぶつ》土《ど》・有《う》世《せ》界《かい》・名《みょう》曰《わつ》極《ごく》樂《らく》・其《ご》土《ど》有《う》佛《ぶつ》・號《ごう》阿《あ》彌《み》陀《だ》・
今《こん》現《げん》在《ざい》説《せっ》法《ぽう》・舎《しゃ》利《り》弗《ほつ》・彼《ひ》土《ど》何《が》故《こ》・名《みょう》爲《い》極《ごく》樂《らく》・其《ご》
國《こく》衆《しゅ》生《じょう》・無《む》有《う》衆《しゅ》苦《く》・但《たん》受《じゅ》諸《しょ》樂《らく》・故《こ》名《みょう》極《ごく》樂《らく》・
又《う》舎《しゃ》利《り》弗《ほつ》・極《ごく》樂《らっ》國《こく》土《ど》・七《しち》重《じゅう》欄《らん》楯《じゅん》・七《しち》重《じゅう》羅《ら》網《もう》・七《しち》
重《じゅう》行《ごう》樹《じゅ》・皆《かい》是《ぜ》四《し》寶《ほう》・周《しゅう》帀《そう》圍《い》繞《にょう》・是《ぜ》故《こ》彼《ひ》國《こく》・名《みょう》曰《わつ》

極樂《ごくらく》・

又舎利弗《うしゃりほつ》・極樂國土《ごくらっこくど》・有《う》七寶池《しっぽうち》・八功徳水《はっくどくすい》・充《しゅ》満其中《まんごちゅう》・池底純以《ちたいじゅんに》・金沙布地《こんしゃふじ》・四邊階道《しへんかいどう》・金銀《こんごん》瑠璃《るり》・玻瓈合成《はりごうじょう》・上有樓閣《じょううろうかく》・亦以金銀瑠璃《やくいこんごんるり》・玻《は》瓈硨磲《りしゃこ》・赤珠瑪瑙《しゃくしゅめのう》・而嚴飾之《にごんじきし》・池中蓮華《ちちゅうれんげ》・大如《だいにょ》車輪《しゃりん》・青色青光《しょうしきしょうこう》・黄色黄光《おうしきおうこう》・赤色赤光《しゃくしきしゃっこう》・白色白《びゃくしきびゃっ》

光《こう》・微《み》妙《みょう》香《こう》潔《けつ》・舎《しゃ》利《り》弗《ほつ》・極《ごく》樂《らっ》國《こく》土《ど》・成《じょう》就《じゅ》如《にょ》是《ぜ》・功《く》
徳《どく》莊《しょう》嚴《ごん》・
又《う》舎《しゃ》利《り》弗《ほつ》・彼《ひ》佛《ぶっ》國《こく》土《ど》・常《じょう》作《さ》天《てん》樂《がく》・黄《おう》金《ごん》爲《い》地《じ》・晝《ちゅう》
夜《や》六《ろく》時《じ》・而《に》雨《う》曼《まん》陀《だ》羅《ら》華《け》・其《ご》國《こく》衆《しゅ》生《じょう》・常《じょう》以《い》清《しょう》旦《たん》・
各《かく》以《い》衣《え》裓《こく》・盛《じょう》衆《しゅ》妙《みょう》華《け》・供《く》養《よう》他《た》方《ほう》・十《じゅう》萬《まん》億《のく》佛《ぶつ》・即《そく》
以《い》食《じき》時《じ》・還《げん》到《とう》本《ほん》國《ごく》・飯《ぼん》食《じき》經《きょう》行《ぎょう》・舎《しゃ》利《り》弗《ほつ》・極《ごく》樂《らっ》國《こく》

土《ど》・成就《じょうじゅ》如是《にょぜ》・功徳《くどく》莊嚴《しょうごん》・

復次《ぶし》舍利弗《しゃりほつ》・彼國《ひこく》常有《じょうう》・種種《しゅじゅ》奇妙《きみょう》・雜色《ざっしき》之鳥《しちょう》・白鵠《びゃっこう》孔雀《くじゃく》・鸚鵡《おうむ》舍利《しゃり》・迦陵頻伽《かりょうびんが》・共命《ぐみょう》之鳥《しちょう》・是《ぜ》諸《しょ》衆鳥《しゅちょう》・晝夜《ちゅうや》六時《ろくじ》・出《すい》和雅《わげ》音《おん》・其《ご》音《おん》演暢《えんちょう》・五根《ごこん》五力《ごりき》・七菩提分《しちぼだいぶん》・八聖道分《はっしょうどうぶん》・如是《にょぜ》等法《とうほう》・其土《ごど》衆《しゅ》生《じょう》・聞《もん》是《ぜ》音《おん》已《に》・皆悉《かいしつ》念佛《ねんぶつ》・念法《ねんぽう》念僧《ねんそう》・舍利弗《しゃりほつ》・汝《にょ》

勿《もつ》謂《い》此《し》鳥《ちょう》・實《じつ》是《ぜ》罪《ざい》報《ほう》所《しょ》生《しょう》・所《しょ》以《い》者《しゃ》何《が》・彼《ひ》佛《ぶっ》國《こく》
土《ど》・無《む》三《さん》惡《まく》趣《しゅ》・舍《しゃ》利《り》弗《ほつ》・其《ご》佛《ぶっ》國《こく》土《ど》・尚《しょう》無《む》三《さん》惡《まく》道《どう》
之《し》名《みょう》・何《が》況《きょう》有《う》實《じつ》・是《ぜ》諸《しょ》衆《しゅ》鳥《ちょう》・皆《かい》是《ぜ》阿《あ》彌《み》陀《だ》佛《ぶつ》・欲《よく》
令《りょう》法《ほう》音《おん》宣《せん》流《る》・變《へん》化《げ》所《しょ》作《さ》・舍《しゃ》利《り》弗《ほつ》・彼《ひ》佛《ぶっ》國《こく》土《ど》・微《み》
風《ふ》吹《すい》動《どう》・諸《しょ》寶《ほう》行《ごう》樹《じゅ》・及《ぎゅう》寶《ほう》羅《ら》網《もう》・出《すい》微《み》妙《みょう》音《おん》・譬《ひ》如《にょ》
百《ひゃく》千《せん》種《じゅ》樂《がく》・同《どう》時《じ》倶《く》作《さ》・聞《もん》是《ぜ》音《おん》者《しゃ》・皆《かい》自《じ》然《ねん》生《じょう》・念《ねん》

次第にゆっくり

佛《ぶつ》念《ねん》法《ぽう》・念《ねん》僧《そう》之《し》心《しん》・舍《しゃ》利《り》弗《ほつ》・其《ご》佛《ぶっ》國《こく》土《ど》・成《じょう》就《じゅ》如《にょ》

是《ぜ》・功《く》―德《どく》莊《しょう》嚴《ごん》

鏧三声　○○○（又は鏧一声○）

●舍《しゃ》利《り》弗《ほつ》・同音　於《お》汝《にょ》意《い》云《うん》何《が》・彼《ひ》佛《ぶつ》何《が》故《こ》・號《ごう》阿《あ》彌《み》陀《だ》・

舍《しゃ》利《り》弗《ほつ》・彼《ひ》佛《ぶっ》光《こう》明《みょう》無《む》量《りょう》・照《しょう》十《じっ》方《ぽう》國《こく》・無《む》所《しょ》障《しょう》礙《げ》・

是《ぜ》故《こ》號《ごう》爲《い》阿《あ》彌《み》陀《だ》・又《う》舍《しゃ》利《り》弗《ほつ》・彼《ひ》佛《ぶつ》壽《じゅ》命《みょう》・及《ぎゅう》其《ご》

人《にん》民《みん》・無《む》量《りょう》無《む》邊《へん》・阿《あ》僧《そう》祇《ぎ》劫《こう》・故《こ》名《みょう》阿《あ》彌《み》陀《だ》・舍《しゃ》利《り》

弗《ほっ》・阿《あ》彌《み》陀《だ》佛《ぶつ》・成《じょう》佛《ぶつ》已《い》來《らい》・於《お》今《こん》十《じっ》劫《こう》・又《う》舍《しゃ》利《り》弗《ほっ》・
彼《ひ》佛《ぶつ》有《う》無《む》量《りょう》無《む》邊《へん》・聲《しょう》聞《もん》弟《で》子《し》・皆《かい》阿《あ》羅《ら》漢《かん》・非《ひ》是《ぜ》
算《さん》數《じゅ》・之《し》所《しょ》能《のう》知《ち》・諸《しょ》菩《ぼ》薩《さつ》衆《しゅ》・亦《やく》復《ぶ》如《にょ》是《ぜ》・舍《しゃ》利《り》弗《ほっ》・
彼《ひ》佛《ぶっ》國《こく》土《ど》・成《じょう》就《じゅ》如《にょ》是《ぜ》・功《く》徳《どく》莊《しょう》嚴《ごん》・
又《う》舍《しゃ》利《り》弗《ほっ》・極《ごく》樂《らっ》國《こく》土《ど》・衆《しゅ》生《じょう》生《しょう》者《じゃ》・皆《かい》是《ぜ》阿《あ》鞞《び》跋《ばっ》
致《ち》・其《ご》中《ちゅう》多《た》有《う》・一《いっ》生《しょう》補《ふ》處《しょ》・其《ご》數《しゅ》甚《じん》多《た》・非《ひ》是《ぜ》算《さん》數《じゅ》・

所《しょ》能《のう》知《ち》之《し》・但《たん》可《か》以《い》無《む》量《りょう》無《む》邊《へん》・阿《あ》僧《そう》祇《ぎ》劫《こう》説《せつ》・舍《しゃ》利《り》弗《ほつ》・衆《しゅ》生《じょう》聞《もん》者《しゃ》・應《おう》當《とう》發《ほつ》願《がん》・願《がん》生《しょう》彼《ひ》國《こく》・所《しょ》以《い》者《しゃ》何《が》・得《とく》與《よ》如《にょ》是《ぜ》・諸《しょ》上《じょう》善《ぜん》人《にん》・倶《く》會《え》一《いっ》處《しょ》・舍《しゃ》利《り》弗《ほつ》・不《ふ》可《か》以《い》少《しょう》善《ぜん》根《ごん》・福《ふく》徳《とく》因《いん》縁《ねん》・得《とく》生《しょう》彼《ひ》國《こく》・

舍《しゃ》利《り》弗《ほつ》・若《にゃく》有《う》善《ぜん》男《なん》子《し》・善《ぜん》女《にょ》人《にん》・聞《もん》説《せつ》阿《あ》彌《み》陀《だ》佛《ぶつ》・執《しゅう》持《じ》名《みょう》號《ごう》・若《にゃく》一《いち》日《にち》・若《にゃく》二《に》日《にち》・若《にゃく》三《さん》日《にち》・若《にゃく》四《し》日《にち》・若《にゃく》

五《ご》日《にち》・若《にゃく》六《ろく》日《にち》・若《にゃく》七《しち》日《にち》・一《いっ》心《しん》不《ふ》亂《らん》・其《ご》人《にん》臨《りん》命《みょう》終《じゅ》時《じ》・阿《あ》彌《み》陀《だ》佛《ぶつ》・與《よ》諸《しょ》聖《しょう》衆《じゅ》・現《げん》在《ざい》其《ご》前《ぜん》・是《ぜ》人《にん》終《じゅ》時《じ》・心《しん》不《ぷ》顛《てん》倒《どう》・即《そく》得《とく》往《おう》生《じょう》・阿《あ》彌《み》陀《だ》佛《ぶつ》・極《ごく》樂《らっ》國《こく》土《ど》・舍《しゃ》利《り》弗《ほっ》・我《が》見《けん》是《ぜ》利《り》・故《こ》説《せっ》此《し》言《ごん》・若《にゃく》有《う》衆《しゅ》生《じょう》・聞《もん》是《ぜ》説《せっ》者《しゃ》・應《おう》當《とう》發《ほつ》願《がん》・生《しょう》彼《ひ》國《こく》土《ど》・

舍《しゃ》利《り》弗《ほつ》・如《にょ》我《が》今《こん》者《じゃ》・讃《さん》歎《だん》阿《あ》彌《み》陀《だ》佛《ぶつ》・不《ふ》可《か》思《し》議《ぎ》

功德《くどく》・東《とう》方《ぼう》亦《やく》有《う》・阿《あ》閦《しゅく》鞞《び》佛《ぶつ》・須《しゅ》彌《み》相《そう》佛《ぶつ》・大《だい》須《しゅ》彌《み》
佛《ぶつ》・須《しゅ》彌《み》光《こう》佛《ぶつ》・玅《みょう》音《おん》佛《ぶつ》・如《にょ》是《ぜ》等《とう》・恆《ごう》河《が》沙《しゃ》數《しゅ》諸《しょ》佛《ぶつ》・
各《かく》於《お》其《ご》國《こく》・出《すい》廣《こう》長《じょう》舌《ぜっ》相《そう》・徧《へん》覆《ぷ》三《さん》千《ぜん》・大《だい》千《せん》世《せ》界《かい》・
説《せつ》誠《じょう》實《じつ》言《ごん》・汝《にょ》等《とう》衆《しゅ》生《じょう》・當《とう》信《しん》是《ぜ》稱《しょう》讚《さん》・不《ふ》可《か》思《し》議《ぎ》
功德《くどく》・一《いっ》切《さい》諸《しょ》佛《ぶつ》・所《しょ》護《ご》念《ねん》經《ぎょう》・
舍《しゃ》利《り》弗《ほつ》・南《なん》方《ぼう》世《せ》界《かい》・有《う》日《にち》月《がっ》燈《とう》佛《ぶつ》・名《みょう》聞《もん》光《こう》佛《ぶつ》・大《だい》

焔《えん》肩《けん》佛《ぶつ》・須《しゅ》彌《み》燈《とう》佛《ぶつ》・無《む》量《りょう》精《しょう》進《じん》佛《ぶつ》・如《にょ》是《ぜ》等《とう》・恆《ごう》河《が》
沙《しゃ》數《しゅ》諸《しょ》佛《ぶつ》・各《かく》於《お》其《ご》國《こく》・出《すい》廣《こう》長《じょう》舌《ぜっ》相《そう》・徧《へん》覆《ぷ》三《さん》千《ぜん》・
大《だい》千《せん》世《せ》界《かい》・説《せつ》誠《じょう》實《じつ》言《ごん》・汝《にょ》等《とう》衆《しゅ》生《じょう》・當《とう》信《しん》是《ぜ》稱《しょう》讃《さん》・
不《ふ》可《か》思《し》議《ぎ》功《く》德《どく》・一《いっ》切《さい》諸《しょ》佛《ぶつ》・所《しょ》護《ご》念《ねん》經《ぎょう》・
舍《しゃ》利《り》弗《ほっ》・西《さい》方《ほう》世《せ》界《かい》・有《う》無《む》量《りょう》壽《じゅ》佛《ぶつ》・無《む》量《りょう》相《そう》佛《ぶつ》・無《む》
量《りょう》幢《どう》佛《ぶつ》・大《だい》光《こう》佛《ぶつ》・大《だい》明《みょう》佛《ぶつ》・寶《ほう》相《そう》佛《ぶつ》・淨《じょう》光《こう》佛《ぶつ》・如《にょ》是《ぜ》

等《とう》・恒《ごう》河《が》沙《しゃ》數《しゅ》諸《しょ》佛《ぶつ》・各《かく》於《お》其《ご》國《こく》・出《すい》廣《こう》長《じょう》舌《ぜっ》相《そう》・徧《へん》覆《ぷ》三《さん》千《ぜん》・大《だい》千《せん》世《せ》界《かい》・説《せつ》誠《じょう》實《じつ》言《ごん》・汝《にょ》等《とう》衆《しゅ》生《じょう》・當《とう》信《しん》是《ぜ》稱《しょう》讚《さん》・不《ふ》可《か》思《し》議《ぎ》功《く》德《どく》・一《いっ》切《さい》諸《しょ》佛《ぶつ》・所《しょ》護《ご》念《ねん》經《ぎょう》・

舍《しゃ》利《り》弗《ほつ》・北《ほっ》方《ぽう》世《せ》界《かい》・有《う》焔《えん》肩《けん》佛《ぶつ》・最《さい》勝《しょう》音《おん》佛《ぶつ》・難《なん》沮《しょ》佛《ぶつ》・日《にっ》生《しょう》佛《ぶつ》・網《もう》明《みょう》佛《ぶつ》・如《にょ》是《ぜ》等《とう》・恒《ごう》河《が》沙《しゃ》數《しゅ》諸《しょ》佛《ぶつ》・各《かく》於《お》其《ご》國《こく》・出《すい》廣《こう》長《じょう》舌《ぜっ》相《そう》・徧《へん》覆《ぷ》三《さん》千《ぜん》・大《だい》千《せん》世《せ》界《かい》・説《せつ》

誠實言《じょうじつごん》・汝等衆生《にょとうしゅじょう》・當信是稱讚《とうしんぜしょうさん》・不可思議功《ふかしぎく》
徳《どく》・一切諸佛《いっさいしょぶつ》・所護念經《しょごねんぎょう》・
舍利弗《しゃりほつ》・下方世界《げほうせかい》・有師子佛《うししぶつ》・名聞佛《みょうもんぶつ》・名光佛《みょうこうぶつ》・
達摩佛《だつまぶつ》・法幢佛《ほうどうぶつ》・持法佛《じほうぶつ》・如是等《にょぜとう》・恆河沙數諸《ごうがしゃしゅしょ》
佛《ぶつ》・各於其國《かくおごこく》・出廣長舌相《すいこうじょうぜっそう》・徧覆三千《へんぷさんぜん》・大千世《だいせんせ》
界《かい》・説誠實言《せつじょうじつごん》・汝等衆生《にょとうしゅじょう》・當信是稱讚《とうしんぜしょうさん》・不可思《ふかし》

議《ぎ》功德《くどく》・一切《いっさい》諸佛《しょぶつ》・所護念經《しょごねんぎょう》・
舍利弗《しゃりほつ》・上方《じょうほう》世界《せかい》・有《う》梵音佛《ぼんのんぶつ》・宿王佛《しゅくおうぶつ》・香上佛《こうじょうぶつ》・
香光佛《こうこうぶつ》・大焔肩佛《だいえんけんぶつ》・雜色寶華嚴身佛《ざっしきほうけごんしんぶつ》・娑羅樹《しゃらじゅ》
王佛《おうぶつ》・寶華德佛《ほうけとくぶつ》・見一切義佛《けんいっさいぎぶつ》・如須彌山佛《にょしゅみせんぶつ》・如《にょ》
是等《ぜとう》・恆河沙數《ごうがしゃしゅ》諸佛《しょぶつ》・各於其國《かくおごこく》・出廣長舌相《すいこうじょうぜっそう》・
徧覆《へんぷ》三千《さんぜん》・大千世界《だいせんせかい》・説誠實言《せつじょうじつごん》・汝等衆生《にょとうしゅじょう》・當《とう》

信《しん》是《ぜ》稱讃《しょうさん》・不可思議《ふかしぎ》功徳《くどく》・一切《いっさい》諸佛《しょぶつ》・所護念《しょごねん》經《ぎょう》・

舍利弗《しゃりほつ》・於汝意《おにょい》云何《うんが》・何故《がこ》名爲《みょうい》・一切《いっさい》諸佛《しょぶつ》・所《しょ》護念經《ごねんぎょう》・舍利弗《しゃりほつ》・若有《にゃくう》善男子《ぜんなんし》・善女人《ぜんにょにん》・聞是《もんぜ》諸《しょ》佛《ぶつ》所説《しょせつ》名《みょう》・及經名《ぎゅうきょうみょう》者《しゃ》・是《ぜ》諸善男子《しょぜんなんし》・善女人《ぜんにょにん》・皆《かい》爲《い》一切《いっさい》諸佛《しょぶつ》・共《ぐ》所護念《しょごねん》・皆得《かいとく》不退轉《ふたいてん》・於阿耨《おあのく》

多《た》羅《ら》・三《さん》藐《みゃく》三《さん》菩《ぼ》提《だい》・是《ぜ》故《こ》舍《しゃ》利《り》弗《ほつ》・汝《にょ》等《とう》皆《かい》當《とう》・信《しん》
受《じゅ》我《が》語《ご》・及《ぎっ》諸《しょ》佛《ぶっ》所《しょ》説《せつ》・舍《しゃ》利《り》弗《ほつ》・若《にゃく》有《う》人《にん》・已《い》發《ほつ》願《がん》・
今《こん》發《ぽつ》願《がん》・當《とう》發《ほつ》願《がん》・欲《よく》生《しょう》阿《あ》彌《み》陀《だ》佛《ぶっ》國《こく》者《しゃ》・是《ぜ》諸《しょ》人《にん》
等《とう》・皆《かい》得《とく》不《ふ》退《たい》轉《てん》・於《お》阿《あ》耨《のく》多《た》羅《ら》・三《さん》藐《みゃく》三《さん》菩《ぼ》提《だい》・於《お》
彼《ひ》國《こく》土《ど》・若《にゃく》已《い》生《しょう》・若《にゃく》今《こん》生《じょう》・若《にゃく》當《とう》生《しょう》・是《ぜ》故《こ》舍《しゃ》利《り》弗《ほつ》・
諸《しょ》善《ぜん》男《なん》子《し》・善《ぜん》女《にょ》人《にん》・若《にゃく》有《う》信《しん》者《じゃ》・應《おう》當《とう》發《ほつ》願《がん》・生《しょう》彼《ひ》

國《こく》土《ど》・
舎《しゃ》利《り》弗《ほつ》・如《にょ》我《が》今《こん》者《じゃ》・稱《しょう》讃《さん》諸《しょ》佛《ぶつ》・不《ふ》可《か》思《し》議《ぎ》功《く》徳《どく》・
彼《ひ》諸《しょ》佛《ぶつ》等《とう》・亦《やく》稱《しょう》説《せつ》我《が》・不《ふ》可《か》思《し》議《ぎ》功《く》徳《どく》・而《に》作《さ》是《ぜ》
言《ごん》・釋《しゃ》迦《か》牟《む》尼《に》佛《ぶつ》・能《のう》爲《い》甚《じん》難《なん》・希《け》有《う》之《し》事《じ》・能《のう》於《お》娑《しゃ》
婆《ば》國《こく》土《ど》・五《ご》濁《じょく》惡《あく》世《せ》・劫《こう》濁《じょく》見《けん》濁《じょく》・煩《ぼん》惱《のう》濁《じょく》・衆《しゅ》生《じょう》濁《じょく》・
命《みょう》濁《じょく》中《ちゅう》・得《とく》阿《あ》耨《のく》多《た》羅《ら》・三《さん》藐《みゃく》三《さん》菩《ぼ》提《だい》・爲《い》諸《しょ》衆《しゅ》生《じょう》・

説《せつ》是《ぜ》一《いっ》切《さい》世《せ》間《けん》・難《なん》信《しん》之《し》法《ほう》・舎《しゃ》利《り》弗《ほつ》・當《とう》知《ち》我《が》於《お》・

五《ご》濁《じょく》惡《あく》世《せ》・行《ぎょう》此《し》難《なん》事《じ》・得《とく》阿《あ》耨《のく》多《た》羅《ら》・三《さん》藐《みゃく》三《さん》菩《ぼ》

提《だい》・爲《い》一《いっ》切《さい》世《せ》間《けん》・説《せっ》此《し》難《なん》信《しん》之《し》法《ほう》・是《ぜ》爲《い》甚《じん》難《なん》・佛《ぶっ》

説《せっ》此《し》經《きょう》已《い》・（次第にゆっくり）舎《しゃ》利《り》弗《ほつ》・及《ぎっ》諸《しょ》比《び》丘《く》・一《いっ》切《さい》世《せ》間《けん》・天《てん》人《にん》

阿《あ》脩《しゅ》羅《ら》等《とう》・聞《もん》佛《ぶっ》所《しょ》ー説《せつ》・歡《かん》喜《ぎ》信《しん》受《じゅ》・作《さ》ー禮《らい》而《に》ー去《こ》

佛《ぶっ》説《せつ》阿《あ》彌《み》陀《だ》經《きょう》○

鏧一声

出音ハ調ラ

●南《な》無《も》阿《あ》彌《み》陀《だん》佛《ぶ》

同音

南《な》無《も》阿《あ》彌《み》陀《だん》佛《ぶ》

南《な》無《も》阿《あ》彌《み》陀《だん》佛《ぶ》

南《な》無《も》阿《あ》彌《み》陀《だん》佛《ぶ》

南《な》

出音ハ調ラ

●弘《ぐ》誓《ぜい》ノチカラヲカフラズバ

同音

イヅレノトキニカ娑《しゃ》婆《ば》ヲイデン

佛《ぶっ》恩《とん》フカクオモヒツヽ

ツ子《ね》ニ弥《み》陀《だ》ヲ念《ねん》ズベシ

出音ハ調ラ

●娑婆《しゃば》永劫《ようごう》ノ苦《く》ヲステ、

同音　浄土《じょうど》无爲《むい》ヲ期《ご》スルコト

本師《ほんし》釋迦《しゃか》ノチカラナリ

長時《じょうじ》ニ慈恩《じおん》ヲ報《ほう》ズベシ

出音ハ調ミ

●願《がん》以《に》此《し》功《く》徳《どく》

同音　平《びょう》等《どう》施《せ》一《いっ》切《さい》

同《どう》發《ほっ》菩《ぼ》提《だい》心《しん》

往《おう》生《じょう》安《あん》樂《らっ》國《こく》

磬三声　○　○　○

還骨勤行　和讃（念仏二四頁・回向二五頁　還骨勤行の解説は一二八頁）

出音ハ調ソ

● 観《かん》音《のん》勢《せい》至《し》モロトモニ

同音

慈《じ》光《こう》世《せ》界《かい》ヲ照《せう》曜《えう》シ

有《う》縁《えん》ヲ度《ど》シテシバラクモ

休《く》息《そく》アルコトナカリケリ

出音ハ調ソ

● 安《あん》樂《らく》淨《じょう》土《ど》ニイタルヒト

同音

五《ご》濁《じょく》悪《あく》世《せ》ニカヘリテハ

釋《しゃ》迦《か》牟《む》尼《に》佛《ぶつ》ノゴトクニテ

利《り》益《やく》衆《しゅ》生《じょう》ハキハモナシ

中陰勤行　和讃（念仏二四頁・回向二五頁　中陰勤行の解説は一三四頁）

出音ハ調ラ

●南《な》无《も》阿《あ》弥《み》陀《だ》佛《ぶ》ノ廻《え》向《こう》ノ

同音

恩《おん》徳《どく》廣《こう》大《だい》不《ふ》思《し》議《ぎ》ニテ

往《おう》相《そう》廻《え》向《こう》ノ利《り》益《やく》ニハ

還《げん》相《そう》廻《え》向《こう》ニ廻《え》入《にう》《ワル》セリ

出音ハ調ラ

●如《にょ》来《らい》大《だい》悲《ひ》ノ恩《おん》徳《どく》ハ

同音

身《み》ヲ粉《こ》ニシテモ報《ほう》ズベシ

師《し》主《しゅ》知《ち》識《しき》ノ恩《おん》徳《どく》モ

ホ子《ね》ヲクダキテモ謝《しゃ》スベシ

②納棺

のうかん

◇納棺の心得

遺体は、たいてい夜分に湯灌《ゆかん》といって、お湯で洗い浄《きよ》めます。そして白衣《はくえ》（できれば親族、知人などで縫った木綿《もめん》の白衣）を着せ、（僧侶の場合は、色衣《しきえ》または黒衣《こくえ》、五条《ごじょう》袈裟《げさ》、切袴《きりばかま》の正装が原則。但し袴などはかせ難いものは腰部にのせるだけでもよい）手には**念珠**をかけて胸の前に組み、柩の中に納めます。

遺体の上には住職筆になる六字尊号（南無阿弥陀仏）、あるいは南無阿弥陀仏を真ん中にしてその左右の各二行に、其仏本《ごぶっほん》願力《がんりき》、聞《もん》名《みょう》欲《よく》往《おう》生《じょう》、皆悉到彼国《かいしつとうひこく》、自致《じち》不退転《ふたいてん》（『無量寿経』「往観偈」）の御文を記す尊号をおさめます。

これは葬儀が昔は御本尊のない野辺《のべ》で行われた際に御本尊の代りをつとめた、その名残です。この**六字尊号**を納棺尊号といいます。棺には**七条袈裟**（なければ錦織の棺覆《かんおお》い）をかけます。なお、この尊号の納棺は、出棺勤行《しゅっかんごんぎょう》の直前に執《と》り行われることもあります。

納棺にあたっては、納棺勤行（「往観偈《おうごんげ》」「短念仏《たんねんぶつ》」「回向《えこう》」）を読誦する場合があります。

昔、坐棺《ざかん》（いわゆる棺桶《かんおけ》）だった時代は、遺体が仏壇の方に向くように棺を安置しました。棺に七条袈裟《しちじょうげさ》をかけ、したがっ

棺の上には七条袈裟と修多羅または錦織の棺覆いをかける

て修多羅《しゅたら》（七条袈裟につける長い組紐《くみひも》）は、会葬者《かいそうしゃ》の方から見えるように（修多羅は七条袈裟の左背中にさがるものですから）かけました。

なお棺上に小刀などを置く必要はありません。これは、小刀が錦の袋に入り、袋の組紐がちょっと修多羅に似ているので代用したことから始まったのではないでしょうか。

◇荘厳壇の設置と仏壇の荘厳

納棺の後、柩の前または後に荘厳壇《しょうごんだん》（一般には祭壇《さいだん》という）を設置することがありますが、荘厳壇は華美である必要は無く、むしろ仏壇の荘厳を次のように厳重におこなうべきです。

戸帳と打敷は銀襴《ぎんらん》または白。糸華鬘《いとけまん》と揚巻《あげまき》（戸帳についた飾り紐）も白。前卓は三具足または五具足で打敷をかける。花瓶は紙華《しか》または樒《しきみ》。白蝋燭。供物は赤色を除き、三対《つい》程度。

荘厳壇はできれば仏壇正面をさけてつくり、最上段または奥の壁上方に六字尊号を奉懸します。また、お仏壇がある限り、次の「通夜勤行」、「出棺勤行」などは、お仏壇に向って行います。なお荘厳壇には仏飯を供える必要はありません。

また、故人が生前愛用の茶碗に御飯を盛りつけ、これに箸を突き立てる作法は、浄土真宗にはありません。いわんや出棺に際して茶碗を割るなどは見苦しい悪習です。茶碗をふくめて、故人愛用の品は、遺族、親族、知人、友人などが、形見わけをしていつまでも大切に保存するか、またはお墓などに納めるべきでしょう。

○浄土真宗本願寺派では用いない風習

荘厳壇（祭壇）に御飯は供えない、まして箸を突き立てる作法はない

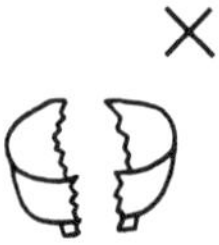

故人愛用の茶碗を割ったりはしない

香炉に線香は立てないで、寝かせる

3 通夜勤行

つやごんぎょう

◇故人と家族がつとめる最後のお夕事

葬儀の前夜に通夜勤行をつとめます。この夜は、故人の遺体が存在する最後の夜であり、従って故人にとって、これが最後のお夕事《ゆうじ》（夕《ゆう》べの勤行）の意味をもちます。つね日ごろ故人といっしょにお朝《あさ》事《じ》、お夕事をつとめた家族はもちろん、これまで一度もその機会のなかった知人、友人も、せめてこの夜は故人とともにお夕事をおつとめするのです。

だからお経は、「正信偈」でも『阿弥陀経』でもそのほか何でもよく、大切なことは皆がいっしょにお聖教《しょうぎょう》、聖典《せいてん》を披《ひら》いて、たとえ一句半言でも、ともどもに声を出しておつとめをすることであります。

なお、通夜ですから、厳密にいえば夜通しです。時間をきめてみんなでおつとめをするのも結構ですが、朝まで次々に弔問に訪れる人が、それぞれ精一杯の思いをこめて、「正信偈」でも偈文《げもん》（詩の形式をとった比較的短い経文。「讃佛偈」「重誓偈」など）でも読誦し、お経の声、お念仏の声が途絶えないのであれば、さらに結構なことであります。

◇通夜の席での注意点

1　通夜の席を訪問して次々と線香を立ててゆくのを見かける時がありますが、本来は次のようにすべきでしょう。

イ　お仏壇や柩前（荘厳壇前）に、常《じょう》香《こう》用に香炉を出して燃香《ねんこう》する。

ロ　それとは別に焼香用として香卓《こうじょく》（上に香炉・香盒《こうごう》）を用意する。

（香炉の中には炭火を入れておく）

ハ　弔問客は、焼香卓に用意された香で焼香するが、できれば自分が焼香するための香を持参すること。

2　通夜の席で酒肴が用意されることがありますが、飢渇をしのぐ程度の質素なものであるべきです。

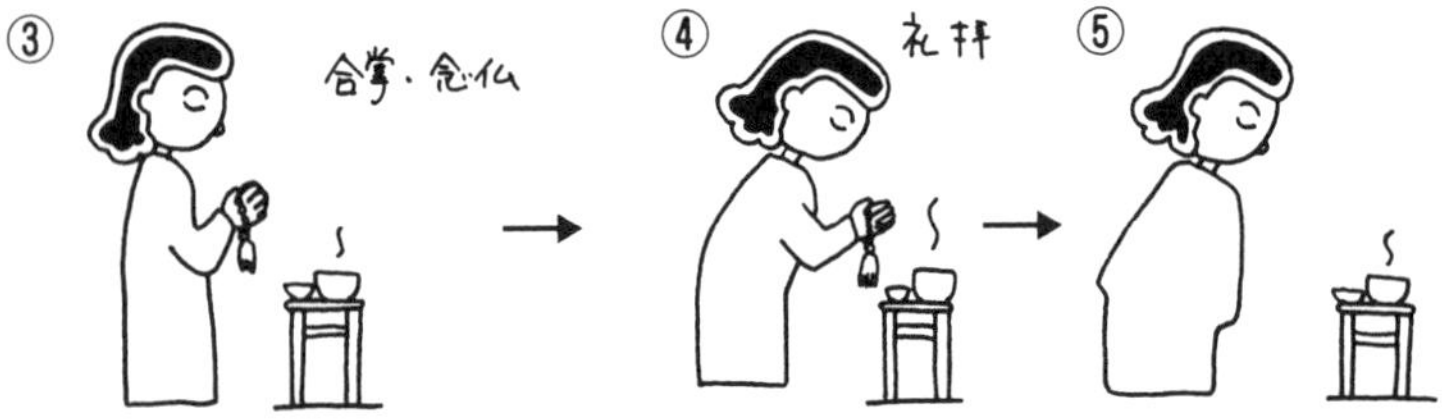

③ 胸の前に、約45度の仰角に両手の指を揃えて合掌し、静かに数度、念仏を称える。
念珠は親玉を下に房または紐は自然に垂らし、両手の四指全体にかけて親指で軽くおさえる。

片手だけに懸けたり、揉んで音をたてたりしない。（合掌以外のとき、念珠は左手に持つ）

④ 合掌したまま、心もち（約30度）上体を前に傾けて頭を下げて礼拝。

⑤ 1～2歩退いて一礼して自席にもどる。

正信念仏偈《しょうしんねんぶつげ》

親鸞聖人《しんらんしょうにん》の主著『教行信証《きょうぎょうしんしょう》』六巻の第二巻末にあり、浄土真宗《じょうどしんしゅう》の根本経典《こんぽんきょうてん》たる『無量寿経《むりょうじゅきょう》』および親鸞聖人が讃仰《さんごう》されたインド・中国・日本の七人の高僧（七高僧《しちこうそう》）の事跡や教えの要点を、七字一句、四句一行で三十行一二〇句に要約し讃嘆されたもので、和讃《わさん》とともに五百年以上も前から、僧と俗を問わず、朝夕の勤行《ごんぎょう》として読誦《どくじゅ》されてきました。

和讃《わさん》

親鸞聖人は、浄土真宗の教えを、わかりやすく読誦《とな》えやすい形の詩、三百数十首にまとめられました。これが『三帖和讃《さんじょうわさん》』です。日常は正信偈《しょうしんげ》のあと、念仏とともに六首、ないし八首が唱えられますが、葬儀に際しては、この中の二首を選び取って勤行します。

焼香のしかた ー浄土真宗本願寺派の場合ー

①

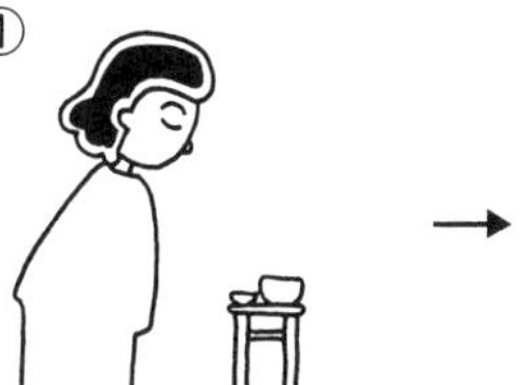

焼香卓（机）の１～２歩手前で一礼。

②

焼香卓の前に進み、香を１回だけつまみ、いただかずに香炉の中へ。（出来れば上質の香を香袋に入れ、各自持参する）

○通夜勤行

出音八調レ

正信念仏偈《しょうしんねんぶつげ》（右 草譜／左 行譜）

磬二声○○

●帰命《きみょう引》無量《むりょう引》寿《じゅ》如来《にょらい引》

同音 南無《なも》不可思議光《ふかしぎこう引》

法蔵菩薩《ほうぞうぼさつ》因位時《いんにじ引》

在世自在王仏所《ざいせじざいおうぶっしょ引》

〔①信《しん》の表白《ひょうびゃく》〕

阿弥陀如来《あみだにょらい》（無量寿如来《むりょうじゅにょらい》）に帰依《きえ》（帰命《きみょう》）し奉《たてまつ》り、

阿弥陀如来（不可思議光《ふかしぎこう》）に帰依（南無《なも》）し奉《たてまつ》る。

〔②『無量寿経《むりょうじゅきょう》』に依《よ》って阿弥陀如来の本願をあらわす〕

〔無量寿経には次のように説かれている。〕

阿弥陀如来が未《いま》だ法蔵菩薩《ほうぞうぼさつ》と呼ばれていた修行中（因位《いんに》）の時代に世自在王如来《せじざいおうにょらい》という仏《みほとけ》のもとに在《あ》って、

観《と》見《けん》諸《しょ》仏《ぶつ》浄《じょう》土《ど》因《いん》引

国《こく》土《ど》人《にん》天《でん》之《し》善《ぜん》悪《まく》引

建《こん》立《りゅう》無《む》上《じょう》殊《しゅ》勝《しょう》願《がん》引

超《ちょう》発《ほっ》希《け》引有《う》大《だい》引弘《ぐ》誓《ぜい》引

諸仏《しょぶつ》の浄土が建立《こんりゅう》された所以《いわれ》や

それらの浄土や衆生《しゅじょう》の優劣《ゆうれつ》を観察《かんさつ》（観見《とけん》）し、

〔最高の浄土を建立《こんりゅう》せんとの〕殊《こと》に勝《すぐ》れた誓願《ねがい》を建《た》て

〔一切衆生《いっさいしゅじょう》救済《きゅうさい》という〕希有《けう》の大弘誓《ちかい》を超発《おこ》された。

五劫《ごこう》思惟《しゆい》之摂受《ししょうじゅ》　引
重誓《じゅうせい》名声《みょうしょう》聞十方《もんじっぽう》　引
普放《ふほう》無量《むりょう》無辺光《むへんこう》　引
無碍《むげ》無対《むたい》光炎王《こうえんのう》　引

きわめて長い年月（五劫《ごこう》）の間、思惟《しゆい》をかさねて思念《しねん》をまとめ、
〔「重誓偈《じゅうせいげ》」の中《なか》で〕名声《な》を十方世界《じっぽうせかい》に轟《とどろ》かしめんと重ねて誓い、
普《あまね》く（十二《じゅうに》の光《ひかり》、すなわち）無量《むりょう》の光《ひかり》、無辺光《きわなきひかり》
無碍光《さえぎるものなきひかり》、無対光《ならびなきひかり》、炎王光《もっともあかるいひかり》、

清浄歓喜智慧光《しょうじょうかんぎちえこう》引
不断難思無称光《ふだんなんじむしょうこう》引
超日月光照塵刹《ちょうにちがっこうしょうじんせつ》引
一切群生蒙光照《いっさいぐんじょうむこうしょう》引

清浄《しょうじょう》な光《ひかり》、歓喜《よろこび》の光《ひかり》、智慧《ちえ》の光《ひかり》、

断《た》えること無《な》き光《ひかり》、不可思議《ふかしぎ》の光《ひかり》、称《たと》えようのない光《ひかり》、

日月《にちげつ》をも超えた光《ひかり》を放《はな》って無数の世界（塵刹《じんせつ》）を照《て》らしておられる。

生きとし生けるもの（一切《いっさい》の群生《ぐんじょう》）は、その光《ひかり》に照らされているのである。

本《ほん》願《がん》名《みょう》号《ごう》正《しょう》定《じょう》業《ごう》　引
至《し》心《しん》信《しん》楽《ぎょう》願《がん》為《に》因《いん》　引
成《じょう》等《とう》覚《がく》証《しょう》大《だい》涅《ね》槃《はん》　引
必《ひっ》至《し》滅《めつ》度《ど》願《がん》成《じょう》就《じゅ》　引

〔一切衆生《いっさいしゅじょう》を救済せんとの阿弥陀如来の〕本願〔によって成就《じょうじゅ》された〝南無阿弥陀仏《なもあみだぶつ》〟という〕名号《みな》こそは、私の往生の正《まさ》しく定《さだ》まる業因《たね》であり、
〔四十八願の中の第十八願〕至心信楽《ししんしんぎょう》の願《がん》こそが〔私たちの往生浄土《おうじょうじょうど》の〕因《いん》である。
私たちが仏《ほとけ》となるべき身（等覚《とうがく》）と定まり、迷いの心《こころ》の焔《ほのお》が消える（証大涅槃《しょうだいねはん》）のも、
仏《みほとけ》の誓い〔四十八願の中の第十一願、必至《ひっし》滅度《めつど》の願《がん》〕によるのである。

如《にょ》来《らい》所《しょ》引以《い》興《こう》出《しゅっ》世《せ》引

唯《ゆい》説《せつ》弥《み》陀《だ》本《ほん》願《がん》海《かい》引

五《ご》濁《じょく》悪《あく》時《じ》群《ぐん》生《じょう》海《かい》引

応《おう》信《しん》如《にょ》来《らい》如《にょ》実《じつ》言《ごん》引

釈迦如来《しゃかにょらい》がこの世にお生まれになった目的は、

ただ阿弥陀如来の大慈悲《だいじひ》（本願海《ほんがんかい》）を説かんがためである。

汚濁《おじょく》に満ちた今の世（五濁悪時《ごじょくあくじ》）の衆生《しゅじょう》たち（群生海《ぐんじょうかい》）よ、

まさに釈迦如来のこの真実の教えを信ずべきである。

能《のう》発《ほつ》一《いち》念《ねん》喜《き》愛《あい》心《しん》 引

不《ふ》断《だん》煩《ぼん》悩《のう》得《とく》涅《ね》槃《はん》 引

凡《ぼん》聖《じょう》逆《ぎゃく》謗《ほう》斉《さい》回《え》入《にゅう》 引

如《にょ》衆《しゅ》水《しい》入《にゅう》海《かい》一《いち》味《み》 引

〔仏《みほとけ》によって救われてゆく身の幸せを〕喜ぶ心が発《おこ》れば、

迷《まよ》いの身のままで（煩悩《ぼんのう》を断《た》ちきらずに）、〔生命《いのち》が終《お》わるとき〕必《かなら》ず仏《ほとけ》となることができる（涅槃《ねはん》を得《う》る）。

凡夫《ぼんぶ》も聖者《せいじゃ》も仏法《ぶっぽう》を謗《そし》るなどの極悪人《ごくあくにん》も、斉《ひと》しく（涅槃《ねはん》の境地《きょうち》）に入る。

さまざまな川の流れ（衆水《しゅうすい》）が海に入ると一味《ひとつあじ》の海水《かいすい》になるのと同じである。

摂《せっ》取《しゅ》心《しん》光《こう》常《じょう》照《しょう》護《ご》引

已《い》能《のう》雖《すい》破《は》無《む》明《みょう》闇《あん》引

貪《とん》愛《ない》瞋《しん》憎《ぞう》之《し》雲《うん》霧《む》引

常《じょう》引覆《ふ》真《しん》実《じっ》信《しん》心《じん》天《てん》引

阿弥陀如来の大慈悲（摂取《すくい》の心《こころ》の光《ひかり》）は常に（我《われ》らを）照《て》らし護《まも》り、

心の闇《やみ》を打ち破ってくださるのに、

貪愛《よく》や瞋憎《にくしみ》などの心の雲霧《くもきり》が

常に浄《きよ》らかな信心《しんじん》を覆《おお》っている。

譬《ひ》如《にょ》日《にっ》光《こう》覆《ふ》雲《うん》霧《む》引
雲《うん》霧《む》之《し》下《げ》明《みょう》引―無《む》闇《あん》引
獲《ぎゃく》信《しん》見《けん》敬《きょう》大《だい》慶《きょう》喜《き》引
即《そく》横《おう》超《ちょう》截《ぜっ》五《ご》悪《あく》趣《しゅ》引

恰《あたか》も、太陽が、雲や霧に覆《おお》われても、
雲や霧の下が暗闇《くらやみ》ではないように、
信仰を得《え》て、仏《みほとけ》を思い、仏を敬《うやま》い、心に大きな喜びを抱《いだ》くならば、
即《すみやか》に迷《まよ》いの世界（地獄などの五悪趣《ごあくしゅ》）を超《ちょう》越《えつ》することができる。

一《いっ》切《さい》善《ぜん》悪《まく》凡《ぼん》夫《ぶ》人《にん》　引
聞《もん》信《しん》如《にょ》来《らい》弘《ぐ》誓《ぜい》願《がん》　引
仏《ぶっ》言《ごん》広《こう》大《だい》勝《しょう》解《げ》者《しゃ》　引
是《ぜ》人《にん》名《みょう》分《ふん》陀《だ》利《り》華《け》　引

善人であっても、悪人であっても、
阿弥陀如来の本願を信じる者をば
釈迦如来は勝《すぐ》れた智恵《ちえ》ある人と呼び、
最も美しい花（分陀利華《ふんだりけ》＝白蓮華《びゃくれんげ》）と名づけたまう。

─弥《み》陀《だ》仏《ぶつ》本《ほん》願《がん》念《ねん》仏《ぶつ》 引

邪《じゃ》見《けん》憍《きょう》慢《まん》悪《なく》衆《しゅ》生《じょう》 引

信《しん》楽《ぎょう》受《じゅ》持《じ》甚《じん》以《に》難《なん》 引

難《なん》中《ちゅう》之《し》難《なん》無《む》過《か》斯《し》 引

阿弥陀如来の本願に基《もとづ》く念仏《ねんぶつ》の教えは、
心ゆがみ、憍《おご》り高《たか》ぶる悪人にとっては、
これを信じ、喜び、奉《ほう》ずることは、甚《はなは》だ
難《むずか》しい。
こんなに難しいことはない。

印《いん》度《ど》西《さい》天《てん》之《し》論《ろん》家《げ》

中《ちゅう》夏《か》日《じち》域《いき》之《し》高《こう》僧《そう》

顕《けん》大聖《だいしょう》興《こう》世《せ》正《しょう》意《い》

明《みょう》如《にょ》来《らい》本《ほん》誓《ぜい》応《おう》機《き》

〔③七人の高僧《こうそう》の著述《ちょじゅつ》に依《よ》って阿弥陀如来の本願を説き示す〕

インドの聖者《せいじゃ》たちや

中国や日本の高僧たちは、

釈迦如来（大聖《だいしょう》）がこの世にお生まれになった（興世《こうせ》の）本当の目的（正意《しょうい》）を顕《あきら》かにし、

阿弥陀如来の本誓《ちかい》こそが、我等《われら》末世《まっせ》の衆《しゅ》生《じょう》（機《き》）に相応《ふさわ》しいことを明《あきら》かにされた。

釈《しゃ》迦《か》如《にょ》来《らい》楞《りょう》伽《が》山《せん》引
為《い》引衆《しゅ》引告《ごう》引命《みょう》引南《なん》天《てん》竺《じく》引
龍《りゅう》樹《じゅ》大《だい》引士《じ》出《しゅっ》於《と》世《せ》引
悉《しつ》能《のう》摧《ざい》破《は》有《う》無《む》見《けん》引

〔一、龍《りゅう》樹《じゅ》菩《ぼ》薩《さつ》（紀元二～三世紀の人、主として南インドで活躍）を讃《たた》えて〕
釈迦如来は楞《りょう》伽《が》山《せん》において、
人びとに向《む》かい〔次のように〕お告《つ》げになった。〔即ち〕「南インドに
龍《りゅう》樹《じゅ》菩《ぼ》薩《さつ》が生まれ、
〔〝一切《いっさい》は空《くう》なり〟と教えて、〕さまざまな（有《う》無《む》の）邪《じゃ》見《けん》を悉《ことごと》く摧《う》ち破《やぶ》るであろう。

宣《せん》説《ぜつ》大《だい》乗《じょう》無《む》上《じょう》法《ほう》 引
証《しょう》歓《かん》喜《ぎ》地《じ》生《しょう》安《あん》楽《らく》 引
顕《けん》示《じ》難《なん》行《ぎょう》陸《ろく》路《ろ》苦《く》 引
信《しん》楽《ぎょう》易《い》行《ぎょう》水《しい》道《どう》楽《らく》 引

大乗仏教《だいじょうぶっきょう》を説《と》きひろめ
菩薩の位《くらい》（歓喜地《かんぎじ》）に入《い》り、極楽世界《ごくらくせかい》（安《あん》楽《らく》）に生まれるであろう」と。
〔やがて龍樹菩薩は〕仏道《ぶつどう》の修行は陸路《りくろ》の旅のように苦しいことを示し、
大船《だいせん》に乗って水路《すいろ》を旅するような易《やさ》しい行《みち》である〔念仏の教え〕を信じ喜ばれた。

憶《おく》念《ねん》弥《み》陀《だ》仏《ぶつ》本《ほん》願《がん》引

自《じ》引然《ねん》引即《そく》引時《じ》引入《にゅう》必《ひつ》定《じょう》引

唯《ゆい》能《のう》常《じょう》称《しょう》如《にょ》来《らい》号《ごう》引

応《おう》報《ほう》大《だい》引悲《ひ》弘《ぐ》誓《ぜい》恩《おん》引

阿弥陀如来の本願《ちかい》を憶念《おも》うとき、

おのずから、即《ただち》に、仏《ほとけ》となることが定《さだ》まる身となる。

〔だから〕唯《た》だ常《つね》に声に出して念仏し、

〔阿弥陀如来の〕大慈悲の御恩《ごおん》に感謝すべきである。

天《てん》親《じん》菩《ぼ》薩《さつ》造《ぞう》論《ろん》説《せっ》　引

帰《き》命《みょう》無《む》碍《げ》光《こう》如《にょ》来《らい》　引

依《え》修《しゅ》多《た》羅《ら》顕《けん》真《しん》実《じっ》　引

光《こう》闡《せん》横《おう》超《ちょう》大《だい》誓《せい》願《がん》　引

〔二、天親菩薩《てんじんぼさつ》（四～五世紀の人、主として西北インドで活躍）を讃《たた》えて〕

天親菩薩《てんじんぼさつ》は『浄土論《じょうどろん》』を造《つく》り

阿弥陀仏《あみだぶつ》（無碍光如来《むげこうにょらい》）に帰依《きえ》し奉《たてまつ》り

修多羅《しゅたら》（＝経典＝『無量寿経《むりょうじゅきょう》』）に依《よ》って

み仏《ほとけ》の心《こころ》（真実）を顕《あらわ》し、

阿弥陀如来の救いの教え（横超《おうちょう》の大誓願《だいせいがん》）

を明《あき》らかにされた。

引広《こう》由《ゆ》本《ほん》願《がん》力《りき》回《え》向《こう》引

為《い》度《ど》群《ぐん》生《じょう》彰《しょう》一《いっ》心《しん》引

帰《き》入《にゅう》功《く》徳《どく》大《だい》宝《ほう》海《かい》引

必《ひっ》獲《ぎゃく》入《にゅう》大《だい》会《え》衆《しゅ》数《しゅ》引

広く阿弥陀如来の大慈悲のはたらき（本《ほん》願力回向《がんりきえこう》）に基《もと》づいて、

衆生《しゅじょう》を済度《さいど》せんが為《ため》、仏《みほとけ》への一向《ひたむき》の帰依《きえ》の心の大切さを教えたまう。

阿弥陀如来（功徳《くどく》の大宝海《だいほうかい》）に帰依することによって、

必ずや浄土の聖《せい》なる衆《ひとびと》の仲間（大会衆《だいえしゅう》の数《かず》）に入《い》ることができ、

得《とく》至《し》蓮《れん》華《げ》蔵《ぞう》世《せ》界《かい》引
即《そく》証《しょう》真《しん》如《にょ》法《ほっ》性《しょう》身《じん》引
遊《ゆう》煩《ぼん》悩《のう》林《りん》現《げん》神《じん》通《ずう》引
入《にゅう》生《しょう》死《じ》園《おん》示《じ》応《おう》化《げ》引

極楽世界（蓮華蔵世界《れんげぞうせかい》）に至《いた》れば
ただちに仏《ほとけ》（真如法性身《しんにょほっしょうしん》）となり、
悩み多き世界（煩悩《ぼんのう》の林《はやし》）に還《かえ》り来《き》ては自由自在に人を導《みちび》き（神通《じんづう》を現《あらわ》し）
迷いの世界（生死《しょうじ》の薗《その》）に入りては、相手に応じた方法で救いの働きをする（応化《おうげ》を示《しめ》す）。

本《ほん》師《し》曇《どん》鸞《らん》梁《りょう》天《てん》子《し》　引

常《じょう》向《こう》鸞《らん》処《しょ》菩《ぼ》薩《さつ》礼《らい》　引

三《さん》蔵《ぞう》流《る》支《し》授《じゅ》浄《じょう》教《きょう》　引

梵《ぼん》焼《じょう》仙《せん》経《ぎょう》帰《き》楽《らく》邦《ほう》　引

〔三、曇鸞大師《どんらんだいし》（五～六世紀南北朝時代北シナで活躍）を讃《たた》えて〕
我が師、曇鸞大師《どんらんだいし》は、梁《りょう》の天子《てんし》・武帝《ぶてい》が、常《つね》に大師《だいし》の在《ま》します方角に向《む》かい、〝菩《ぼ》薩《さつ》よ〟と礼拝《らいはい》された。

〔かつて不老長生《ふろうちょうせい》の秘法《ひほう》を学んでいたとき、インドから渡来した〕三蔵法師《さんぞうほうし》・菩提流支《ぼだいるし》に経典（『観無量寿経《かんむりょうじゅきょう》』）を授《さず》けられ、神仙《しんせん》の秘法（仙経《せんぎょう》）を焼き捨てて、阿弥陀如来の浄土（楽邦《らくほう》）に生まれんと願う念仏者となった。

天《てん》親《じん》菩《ぼ》薩《さつ》論《ろん》註《ちゅう》解《げ》　引
報《ほう》土《ど》因《いん》果《が》顕《けん》誓《せい》願《がん》　引
往《おう》還《げん》回《ね》向《こう》由《ゆ》他《た》力《りき》　引
正《しょう》定《じょう》之《し》因《いん》唯《ゆい》信《しん》心《じん》　引

天親菩薩の『浄土論』を註釈《ちゅうしゃく》して（『浄《じょう》土論註《どろんちゅう》』を著《あらわ》し）、

私たちが仏《みほとけ》の国（報土《ほうど》）に生《う》まれるのも、成仏の結果として衆生を済度するのも、すべての仏《みほとけ》の誓願《ちかい》によることを顕《あきら》かにし、

浄土に往《ゆ》くのも、仏《ほとけ》となって衆生《しゅじょう》を導くのも、すべて阿弥陀如来の誓願《せいがん》・他力《たりき》に由《よ》るのであり、

必《かなら》ず仏《ほとけ》になる身《み》と定《さだ》まる（正定《しょうじょう》）のは唯《ただ》ただ信心《しんじん》に因《よ》るとお説きになった。

惑《わく》染《ぜん》凡《ぼん》夫《ぶ》信《しん》心《じん》発《ぽっ》引

証《しょう》引ー知《ち》生《しょう》引ー死《じ》即《そく》涅《ね》槃《はん》引

必《ひっ》至《し》無《む》量《りょう》光《こう》明《みょう》土《ど》引

諸《しょ》引ー有《う》衆《しゅ》生《じょう》皆《かい》普《ふ》化《け》引

心まどい、悪《あく》に染《そ》まった者でも、信心《しんじん》を
発《おこ》せば、

まよい（生死《しょうじ》）の身のままに、さとり
（涅槃《ねはん》）を得《う》ることを教えたまい、

必《かなら》ずや仏《みほとけ》の国（無量光明土《むりょうこうみょうど》）に至《いた》って

あらゆる衆生《しゅじょう》を救済《きゅうさい》（普化《ふけ》）する身《み》〔仏《ほとけ》〕
となることを示された。

道《どう》綽《しゃっ》決《けっ》聖《しょう》道《どう》難《なん》証《しょう》　引

唯《ゆい》明《みょう》浄《じょう》土《ど》可《か》通《つう》入《にゅう》　引

萬《まん》善《ぜん》自《じ》力《りき》貶《へん》勤《ごん》修《しゅ》　引

円《えん》満《まん》徳《とく》号《ごう》勧《かん》専《せん》称《しょう》　引

〔四、道綽禅師《どうしゃくぜんじ》（六～七世紀、隋・唐の時代 中国北部で活躍）を讃《たた》えて〕

道綽禅師《どうしゃくぜんじ》は〔今の時代に〕修行による成《じょう》仏《ぶつ》（聖道門《しょうどうもん》）が不可能に近いことを指摘し、

ただ念仏の道《みち》（浄土門《じょうどもん》）のみがそれを可能にすることを明《あき》らかにし、

自力の行に励むことを貶《しりぞ》け、

仏《みほとけ》の名《な》（円満徳号《えんまんとくごう》）を専《もっぱ》ら称《とな》えること〔念仏〕をお勧《すす》めになった。

引 三《さん》ー不《ぷ》三《さん》信《しん》誨《け》慇《おん》懃《ごん》 引

像《ぞう》末《まっ》法《ほう》滅《めっ》同《どう》 引 ー悲《ひ》引《いん》 引

一《いっ》生《しょう》造《ぞう》悪《あく》値《ち》弘《ぐ》誓《ぜい》 引

次第にゆっくり

至《し》安《あん》 引 養《にょう》 引 界《がい》 引 証《しょう》 引 妙《みょう》 引 果《か》 引

〔また禅師《ぜんじ》は曇鸞《どんらん》大師がお説きになった〕何がまことの信心《しんじん》か（三信《さんしん》と三不信《さんふしん》）を慇懃《ねんごろ》に誨《さと》し

末法《まっぽう》の世《よ》の人びと（像末法滅《ぞうまっぽうめつ》）を同《ひと》しく悲《あわれ》み引《みちび》き、

一生涯悪《いっしょうがいあく》を行《おこな》いつづけた極悪人《ごくあくにん》でも、仏《みほとけ》の弘誓《ちかい》を仰《あお》ぐ身《み》となれば、

浄土（安養界《あんにょうかい》）に生まれて仏《ほとけ》となる（妙《みょう》果《か》を証《しょう》す）と教えたまう。

出音ハ調ソ

●善《ぜん》導《どう》独《どく》明《みょう》仏《ぶっ》正《しょう》意《い》

同音 矜《こう》哀《あい》定《じょう》散《さん》与《よ》逆《ぎゃく》悪《あく》

光《こう》明《みょう》名《みょう》号《ごう》顕《けん》因《いん》縁《ねん》

開《かい》入《にゅう》本《ほん》願《がん》大《だい》智《ち》海《かい》

〔五、善導大師《ぜんどうだいし》（七世紀、唐の都・長安で念仏をひろめた学僧）を讃《たた》えて〕

善導大師《ぜんどうだいし》は〔それまでの学者の中で〕ただ独《ひと》り、仏《みほとけ》の真意《しんい》を明《あき》らかにし、

あらゆる衆生《しゅじょう》（定善《じょうぜん》の人、散善《さんぜん》の人、および逆悪《ぎゃくあく》の人びと）を矜哀《あわれ》んで、

仏《みほとけ》の光明《ひかり》と名号《みな》こそ、〔私たちの浄土往生の〕因縁《いんねん》であることを示された。

その仏《みほとけ》の大きな誓願《ちかい》（本願大智海《ほんがんだいちかい》）を明《あき》らかに知れば、

行《ぎょう》者《じゃ》正《しょう》受《じゅ》金《こん》剛《ごう》心《しん》

慶《きょう》喜《き》一《いち》念《ねん》相《そう》応《おう》後《ご》

与《よ》韋《い》提《だい》等《とう》獲《ぎゃく》三《さん》忍《にん》

即《そく》証《しょう》法《ほっ》性《しょう》之《し》常《じょう》楽《らく》

その念仏行者《ぎょうじゃ》は正《まさ》しく金剛《こんごう》のように堅固《けんご》な信心を得《え》て、

慶喜《よろこび》の心《こころ》が起《おこ》ったとき

韋提希夫人《いだいけぶにん》〔釈尊《しゃくそん》の教えによって救われた古代インド・王舎城《おうしゃじょう》の王妃《おうひ》〕と同じく三忍《さんにん》〔仏《ほとけ》となるための三種の智恵《ちえ》〕を得《え》、

永遠のさとりの楽しみ（法性《ほっしょう》の常楽《じょうらく》）を得《う》るのである〔と述《の》べられた〕。

源《げん》信《しん》広《こう》開《かい》一《いち》代《だい》教《きょう》　引

偏《へん》帰《き》安《あん》養《にょう》勧《かん》一《いっ》切《さい》　引

専《せん》雑《ぞう》執《しゅう》心《しん》判《はん》浅《せん》深《じん》　引

報《ほう》化《け》二《に》土《ど》正《しょう》弁《べん》立《りゅう》　引

〔六、源信和尚《げんしんかしょう》（比叡山の横川《よかわ》に住み、念仏をすすめた平安時代の学僧）を讃《たた》えて〕

源信和尚《げんしんかしょう》は、釈尊一代《しゃくそんいちだい》のさまざまな教《みおし》えの中から

ひたすら念仏せよとの教《おし》えをば人びとに勧《すす》め、

専修念仏《せんじゅねんぶつ》（専《せん》）と雑行雑修《ぞうぎょうざっしゅ》（他の各種の修行）との優劣（浅深《せんじん》）を判定し、

仏《みほとけ》の国にも報土《ほうど》〔専修念仏者《せんじゅねんぶつしゃ》の生まれる浄土〕と化土《けど》〔雑行雑修《ぞうぎょうざっしゅ》の人の生まれる浄土〕の二種あることを弁《の》べられた。

極《ごく》重《じゅう》悪《あく》人《にん》唯《ゆい》称《しょう》仏《ぶつ》　引

我《が》亦《やく》在《ざい》　引　彼《ひ》摂《せっ》取《しゅ》中《ちゅう》　下ル引

煩《ぼん》悩《のう》障《しょう》眼《げん》雖《すい》不《ふ》見《けん》　引

大《だい》　下ル引　悲《ひ》無《む》倦《けん》常《じょう》照《しょう》我《が》　引

いかなる悪人も、ただ念仏せよ。

我等《われら》も亦《また》、仏《みほとけ》の摂取《すくい》の中に在《あ》り。

煩悩《まよい》によって眼《まなこ》を障《おおわ》れて見えずと雖《いえど》も、

仏《みほとけ》の大慈悲は倦《う》むこと無《な》く常《つね》に私を照《て》らしたまう。

本《ほん》師《し》源《げん》空《くう》明《みょう》仏《ぶっ》教《きょう》
憐《れん》愍《みん》善《ぜん》悪《まく》凡《ぼん》夫《ぶ》人《にん》
真《しん》宗《しゅう》教《きょう》証《しょう》興《こう》片《へん》州《しゅう》
選《せん》択《じゃく》本《ほん》願《がん》弘《ぐ》悪《あく》世《せ》

〔七、源空上人《げんくうしょうにん》（親鸞聖人の直接の師法然上人のこと）を讃《たた》えて〕

我が師・源空上人《げんくうしょうにん》は、仏《みほとけ》の教えを明《あき》らかにし、

すべての人びと（善悪《ぜんあく》の凡夫人《ぼんぶにん》）を憐愍《あわれ》んで

真実の宗教（真宗教証《しんしゅうきょうしょう》）を日本の国に興《おこ》し、

仏《みほとけ》の選び択《と》られた根本の誓願《ちかい》〔念仏往生《ねんぶつおうじょう》の願《がん》〕を濁悪《じょくあく》の世《よ》に弘められた。

還《げん》来《らい》生《しょう》死《じ》輪《りん》転《でん》家《げ》
決《けっ》以《ち》疑《ぎ》情《じょう》為《い》所《しょ》止《し》
速《そく》入《にゅう》寂《じゃく》静《じょう》無《む》為《い》楽《らく》
必《ひっ》以《ち》信《しん》心《じん》為《い》能《のう》入《にゅう》

迷いの世界を往《ゆ》き来《き》して流転輪廻《るてんりんね》から逃《のが》れられないのは、

仏《みほとけ》の誓願《ちかい》を疑うからである。

速《すみ》やかに仏《みほとけ》の国に生まれて窮極《きゅうきょく》の幸《しあわせ》(無為《むい》の楽《らく》)を得《う》るのは、

必ず信心によるのである。

弘《ぐ》経《きょう》大《だい》士《じ》宗《しゅう》師《し》等《とう》
拯《じょう》済《さい》無《む》辺《へん》極《ごく》濁《じょく》悪《あく》
道《どう》俗《ぞく》時《じ》衆《しゅ》共《ぐ》同《どう》心《しん》
次第にゆっくり
唯《ゆい》可《か》信《しん》斯《し》高《こう》僧《そう》説《せっ》○
鏧一声

〔④結び〕
念仏往生の教《みおし》えを弘められた菩薩大士《ぼさつだいじ》〔龍《りゅう》樹《じゅ》、天親《てんじん》〕や高僧《こうそう》〔曇鸞《どんらん》、道綽《どうしゃく》、善導《ぜんどう》、源《げん》信《しん》、源空《げんくう》〕たちは
限《かぎ》り無《な》く多い極悪人《ごくあくにん》たちを拯済《すく》いたまう。
今の世の僧侶も俗人も心を同じくして
ただこれら七高僧《しちこうそう》の教《みおしえ》を信ずべきである。

初重ハ調レ

●南《な》無《も》阿《あ》弥《み》陀《だ》ん仏《ぶ》

同音

南《な》無《も》阿《あ》弥《み》陀《だ》ん仏《ぶ》

南《な》無《も》阿《あ》弥《み》陀《だ》ん仏《ぶ》

南《な》無《も》阿《あ》弥《み》陀《だ》ん仏《ぶ》

南《な》無《も》阿《あ》弥《み》陀《だ》ん仏《ぶ》

南《な》無《も》阿《あ》弥《み》陀《だ》ん仏《ぶ》

南《な》

●弥《み》陀《だ》成《じょう》仏《ぶつ》のこのかたは

同音

いまに十《じっ》劫《こう》をへたまへ《え》り

法《ほっ》身《しん》の光《こう》輪《りん》きは《わ》もなく

世《せ》の盲《もう》冥《みょう》をてらすなり

南《な》無《も》阿《あ》弥《み》陀《だ》仏《ぶ》

南《な》無《も》阿《あ》弥《み》陀《だ》仏《ぶ》

南《な》無《も》阿《あ》弥《み》陀《だ》仏《ぶ》

南《な》無《も》阿《あ》弥《み》陀《だ》仏《ぶ》

南《な》

二首目　ハ調レ

●智慧《ちえ》の光明《こうみょう》はかりなし

同音

有量《うりょう》の諸相《しょそう》ことごとく

光暁《こうけう》(ワル)かふ《む》らぬものはなし

真実明《しんじつみょう》に帰命《きみょお》せよ

南《な》無《も》阿《あ》弥《み》陀《だ》仏《ぶ》

南《な》無《も》阿《あ》弥《み》陀《だ》仏《ぶ》

南《な》無《も》阿《あ》弥《み》陀《だ》仏《ぶ》

南《な》無《も》

二重八調ミ

阿《あ》弥《み》陀《だ》仏《ぶ》

同音

南《な》無《も》阿《あ》弥《み》陀《だ》仏《ぶ》

南《な》無《も》阿《あ》弥《み》陀《だ》仏《ぶ》

南《な》無《も》阿《あ》弥《み》陀《だ》仏《ぶ》

南《な》無《も》阿《あ》弥《み》陀《だ》仏《ぶ》

南《な》無《も》阿《あ》弥《み》陀《だ》仏《ぶ》

南《な》無《も》阿《あ》弥《み》陀《だ》仏《ぶ》

南《な》

三首目　八調ミ

●解脱《げだつ》の光輪《こうりん》きは《わ》もなし

同音　光触《こうそく》かふ《む》るものはみな

有無《うむ》をはなるとのべたま《も》ふ《お》

平等覚《びょうどうかく》に帰命《きみょお》せよ

南《な》無《も》阿《あ》弥《み》陀《だ》仏《ぶ》

南《な》無《も》阿《あ》弥《み》陀《だ》仏《ぶ》

南《な》無《も》阿《あ》弥《み》陀《だ》仏《ぶ》

南《な》無《も》阿《あ》弥《み》陀《だ》仏《ぶ》

南《な》

●光雲無碍如虚空
こううんむげにょこくう

一切の有碍にさはりなし
いっさいうげわ

光沢かふらぬものぞなき
こうたくむ

難思議を帰命せよ
なんじぎきみょお

同音
いっさい

南無阿弥陀仏
なもあみだぶ

南無阿弥陀仏
なもあみだぶ

南無阿弥陀仏
なもあみだぶ

三重ハ調ラ

南《な》無《も》阿《あ》弥《み》陀《だ》ん仏《ぶ》

同音

南《な》無《も》阿《あ》弥《み》陀《だ》ん仏《ぶ》

南《な》無《も》阿《あ》弥《み》陀《だ》ん仏《ぶ》

南《な》無《も》阿《あ》弥《み》陀《だ》ん仏《ぶ》

南《な》無《も》阿《あ》弥《み》陀《だ》ん仏《ぶ》

南《な》無《も》阿《あ》弥《み》陀《だ》ん仏《ぶ》

南《な》無《も》阿《あ》弥《み》陀《だ》ん仏《ぶ》

南《な》

● 清浄光明ならびなし
しょうじょう こうみょう

遇斯光のゆへなれば
ぐ し こう え

一切の業繋ものぞこりぬ
いっさい ごっけ

畢竟依を帰命せよ
ひっきょうえ きみょお

南無阿弥陀仏
な も あ み だ ぶ

南無阿弥陀仏
な も あ み だ ぶ

南無阿弥陀仏
な も あ み だ ぶ

南無阿弥陀仏
な も あ み だ ぶ

南
な

同音

通夜勤行　正信念仏偈

六首目　ハ調ソ

●仏《ぶっ》光《こう》照《せう》(フル)曜《えう》(フル)最《さい》第《だい》一《いち》

同音

光《こう》炎《えん》王《のう》仏《ぶっ》となづけたり

三《さん》塗《ず》の黒《こく》闇《あん》ひらくなり

大《だい》応《おう》供《ぐ》を帰《き》命《みょお》せよ

出音ハ調ミ

●願《がん》以《に》此《し》功《く》徳《どく》

同音

平《びょう》等《どう》施《せ》一《いっ》切《さい》

同《どう》發《ほっ》菩《ぼ》提《だい》心《しん》

往《おう》生《じょう》安《あん》楽《らっ》國《こく》

④ 出棺勤行

しゅっかんごんぎょう

◇仏壇に向かって、お別れの勤行

出棺勤行《しゅっかんごんぎょう》とは、故人の柩《ひつぎ》が住みなれた我が家を出発して葬場（荼毘所《だびしょ》）に向うにあたり、家庭のお仏壇に向って、住職・家族らと共に行う、お別《わか》れの勤行《ごんぎょう》です。

◇剃髪式・おかみそりについて

出棺勤行に先立って、住職が柩の中の故人に対して剃髪式《ていはつしき》（一般に〝おかみそり〟と言う。厳密に言えば僧侶となる儀式《ぎしき》）を行う場合があります。（おかみそりは納棺勤行や通夜勤行のときに済ませておくこともあります）

この儀式は、生前《せいぜん》に僧侶であった者、および帰敬式《ききょうしき》（御門主《ごもんしゅ》によって剃髪の形を行っていただき、仏弟子《ぶつでし》としての宣誓《ちかい》をする儀式）を済ませていた人の場合には不要です。

浄土真宗の教えによれば、私たちが仏《みほとけ》の国に生まれることは、生前《せいぜん》、阿弥陀如来の本願《ほんがん》（一切《いっさい》の衆生《しゅじょう》を仏《ほとけ》の国《くに》に済《すく》い取《と》らんとの誓願《ちかい》）を信じ、念仏を喜ぶときに定《さだ》まります。これを平生業成《へいぜいごうじょう》と言います。このとき以来、日常の生活がそのまま仏《みほとけ》の国に通じる道中《どうちゅう》なのです。だから、

「帰敬式」の光景

生命《いのち》の終わった時に特別の儀式を行って浄土に往生したいと祈る必要も、導師に〝引導《いんどう》〟をわたされて仏《みほとけ》の国に導かれる必要もありません。

ただ、生前に帰敬《ききょう》式《しき》や得度《とくど》（僧侶になる訓練と儀式）を済ませていない人に対しては、出家する儀式、つまり〝おかみそり〟を行い、法名《ほうみょう》（仏弟子としての名前）をつけ、出家者として敬意を表するのです。

だから遺体は白衣《はくえ》を着用し、柩《ひつぎ》は浄土真宗僧侶の最高の礼装《れいそう》である七条《しちじょう》袈裟《げさ》で覆う訳です。（二九頁参照）

◇院号・法名

●浄土真宗本願寺派では〝法名〟を依用

おかみそりをすませた人には、法名が授与されます。法名には仏子《ぶっし》となったこと、つまり釈尊《しゃくそん》の家系に生まれたことの意味で、姓として釈《しゃく》の字をつけます。

なお、浄土真宗は戒律の仏教でありませんから、戒名という言葉は用いません。天台宗、真言宗、禅宗など、戒律の宗教では、戒名という言葉を用いてもさしつかえないでしょう。

更に、法諱《ほうい》、法号《ほうごう》という言葉もありますが、浄土真宗本願寺派では、これらは特別の場合に限ります。一般には、あくまで法名というべきであります。

例　法名　釈　信証　（男）

法名　釈(尼)清浄　（女）

逝去に当たっては、右の法名を料紙にしたため、逝去の年月日、俗名、享年《きょうねん》なども記入します。浄土真宗では白木や塗りの位牌を用いないのが正式です。位牌は中国の儒教の作法に由来するものです。

●院号のいわれ

院号は、住職であった者、そのほか、生前に特別の功労のあった門信徒に対して、御本山から贈与されます。また、御本山に一定以上の上納金を進納した場合にも、財功に対するお扱いとして交附されます。

院号はもともと、天皇そのほか皇族、貴族に対し、その諱名《いみな》を呼ばず、住居の場所をもって呼び名にしたのがはじまりです。（例、後白河院《ごしらかわいん》、亀山院《かめやまいん》など。院とは元来〝かき〟〝かこい〟を意味し、ついで、その垣でかこまれた宮殿、建物、役所……などをも意味するようになった。）それが次第に高位の僧侶以下にも及んだのです。

院号が贈られると、法名は左のように書きます。

例　教行院釈　信証

安楽院釈(尼)清浄

●院号・法名の扱い方

院号・法名の下に、居士《こじ》、大士《だいし》、信士《しんし》、

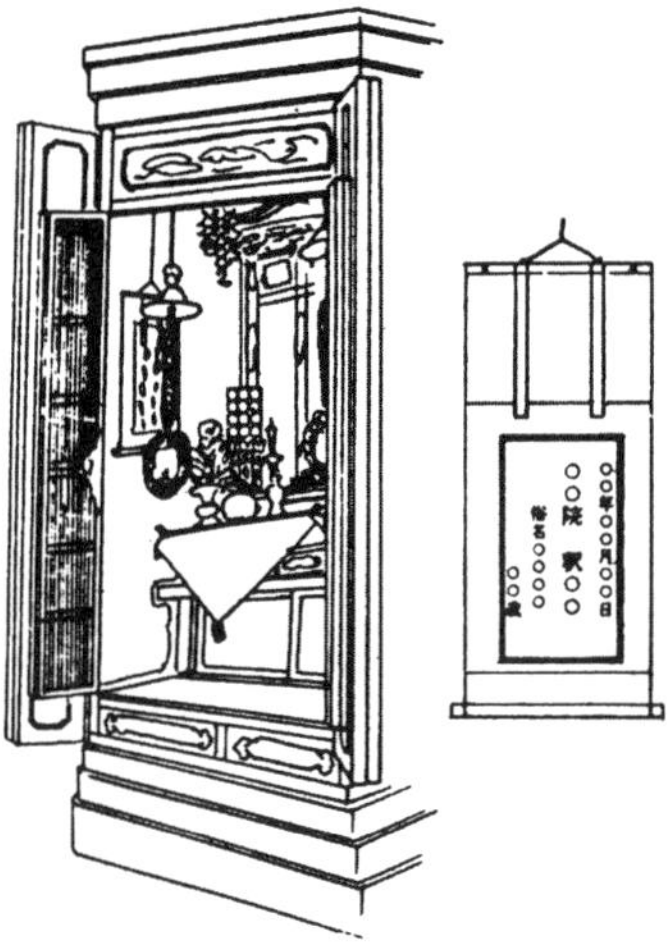

信女《しんにょ》、大姉《だいし》、童女《どうにょ》などの文字は、つけません。居士、信士、信女などは、在俗の信者（ウパーサカ・優婆塞《うばそく》、ウパーシカ・優《う》婆夷《ばい》＝仕《つか》える人の意）を意味します。それに対して、法名は本来、出家の名です。出家名と在家名とは別個であり、出家名にたいしてわざわざ〝居士〟等をつけるのは、理屈の上で矛盾しているわけです。

院号、法名は懸軸のように表具して、仏壇内部の左右側壁にかけるのが本儀です。（上図参照）

故人の場合は俗名でよばず、院号、法名で呼ぶのが正式です。ただし、必ず院号に法名をつけて呼びます。単に院号だけで呼ぶのは、御門主など一部の方々に限るというのが古来の礼法のようです。

例　信証院　（＝蓮如《れんにょ》上人）
　　信誓院　（＝勝如《しょうにょ》上人）

◇勤行は「帰三宝偈」

出棺勤行は原則として仏壇に向かって行い「帰三宝偈《きさんぼうげ》」「短念仏《たんねんぶつ》」「回向句（「我《が》説彼尊功徳事《せびそんくどくじ》～」）」を読誦《どくじゅ》します。

帰三宝偈《きさんぼうげ》（十四行偈《じゅうしこうげ》）

『帰三宝偈《きさんぼうげ》』は中国の唐《とう》の時代の大念仏者・善導大師《ぜんどうだいし》（六一三～六八一）の主著『観経疏《かんぎょうしょ》』（『仏説観無量寿経《ぶっせつかんむりょうじゅきょう》』に対する四巻の注釈書）のはじめに、仏《ぶつ》・法《ぽう》・僧《そう》の三宝《さんぼう》に対する帰依《きえ》・尊敬を述べ、浄土往生を願われた偈（詩）で、中に、〝説偈帰三宝《せつげきさんぼう》〟という言葉が見られるのでこの名《な》があり、十四行《ぎょう》（五字で一句、四句で一行）あるので、『十《じゅう》四行偈《しこうげ》』とも呼ばれます。

日頃、一緒にお仏壇に向かうことの少なかった私たちですが、故人が自分の家の仏壇に向かって行う最後の勤行《おつとめ》です。共々に三宝《さんぼう》に帰依し、往生浄土の道を歩むことを誓いながら、この偈を力強く読誦しましょう。

○出棺勤行

出音ハ調ミ

帰三宝偈（観経四帖疏）

磬二声○○

●道《どう》俗《ぞく》時《じ》衆《しゅ》等《とう》 引

同音

各《かく》発《ほっ》無《む》上《じょう》心《しん》 引

生《しょう》ー死《じ》甚《じん》難《なん》厭《ねん》 引

仏《ぶっ》法《ぽう》復《ぶ》難《なん》欣《ごん》 引

僧侶も俗人も、今の時代の人びとは、
各々《おのおの》、悟《さと》りを求める心を発《おこ》しはしても、
生死輪廻《しょうじりんね》〔を繰り返す此《こ》の迷いの世界〕へ
の執着《しゅうぢゃく》が強く
仏《みほとけ》の法《おしえ》を喜ぶことは稀《まれ》である。

共《ぐ》発《ほっ》金《こん》剛《ごう》志《し》引

横《おう》超《ちょう》断《だん》四《し》流《る》引

願《がん》入《にゅう》弥《み》陀《だ》界《かい》引

帰《き》依《え》合《がっ》掌《しょう》礼《らい》引

〔だから皆《みな》〕共《とも》に、金剛《ダイヤモンド》〔のように堅固《けんご》な、価値ある〕志《こころざし》を発《おこ》し、

煩悩《ぼんのう》の流れを横超断《とびこえ》て

阿弥陀如来の世界に生まれんことを願い、

〔仏《みほとけ》に対して〕帰依《きえ》し、合掌《がっしょう》の礼《れい》をなすべきである。

世《せ》尊《そん》我《が》一《いっ》心《しん》引
帰《き》命《みょう》尽《じん》十《じっ》方《ぽう》引
法《ほっ》性《しょう》真《しん》如《にょ》海《かい》引
報《ほう》化《け》等《とう》諸《しょ》仏《ぶっ》引

仏《みほとけ》（世尊《せそん》）よ、私は一心《いっしん》に
〔以下の仏《みほとけ》と菩薩《ぼさつ》らに〕帰依《きえ》し奉《たてまつ》る。
〔即《すなわ》ち、十方世界《じっぽうせかい》に遍《あまね》き〕真理《しんり》としての仏《みほとけ》、
報土《ほうど》（浄土《じょうど》）や化土《けど》（仮の浄土《じょうど》）の仏《みほとけ》たち

一《いっ》一《いち》菩《ぼ》薩《さっ》身《しん》引
眷《けん》属《ぞく》等《とう》無《む》量《りょう》引
荘《しょう》厳《ごん》及《ぎゅう》変《へん》化《げ》引
十《じゅう》ー地《ぢ》三《さん》賢《げん》海《かい》引

一々《いちいち》の菩薩、

その無数《むすう》の眷属《けんぞく》、

荘厳身《しょうごんしん》（徳によって美しく飾《かざ》られた菩薩《ぼさつ》）と変化身《へんげしん》（衆生済度《しゅじょうさいど》のために現れたもうた菩薩）、

十段階の諸《もろもろ》の菩薩や菩薩への道を歩む賢者《けんじゃ》たち、

時《じ》劫《こう》満《まん》未《み》満《まん》引

智《ち》行《ぎょう》円《えん》未《み》円《えん》引

正《しょう》ー使《じ》尽《じん》未《み》尽《じん》引

習《じゅっ》気《け》亡《もう》未《み》亡《もう》引

（菩薩《ぼさつ》としての修行《しゅぎょう》の）時期の満了《まんりょう》した者と未了《みりょう》の者、

智恵《ちえ》と実践行《じっせんぎょう》とが完成した者と未完の者、

煩悩《ぼんのう》（正使《しょうじ》）の無くなった者と未だ残っている者、

煩悩の香《かおり》（習気《じっけ》）の無くなった者と未《いま》だ残っている者、

功《く》用《ゆう》無《む》功《く》用《ゆう》　引
証《しょう》ー智《ち》未《み》証《しょう》智《ち》　引
妙《みょう》覚《がく》及《ぎゅう》等《とう》覚《がく》　引
正《しょう》ー受《じゅ》金《こん》剛《ごう》心《しん》　引

功用《くゆう》（努力しながら仏道を歩む者）と無功《むく》用《ゆう》（自然《しぜん》に仏道《ぶつどう》を歩み得《う》る者）、
真理《しんり》を証得《さと》った者と未《いま》だ証得《さと》らぬ者、
妙覚《みょうがく》（仏道を完全に達成した者）と等覚《とうがく》（仏道を略々《ほぼ》達成《たっせい》した者）、
金剛《ダイヤモンド》のように堅固《けんご》な（求道《ぐどう》の）心境《しんきょう》に正《まさ》しく入《はい》って

相《そう》応《おう》一《いち》念《ねん》後《ご》 引
果《か》徳《とく》涅《ね》槃《はん》者《しゃ》 引
我《が》等《とう》咸《げん》帰《き》命《みょう》 引
三《さん》仏《ぶっ》菩《ぼ》提《だい》尊《そん》 引

〔仏《みほとけ》の智恵《ちえ》と〕一致する一瞬の後《のち》に、
悟《さと》りの境地たる涅槃《ねはん》に入れる者〔に帰依《きえ》し奉《たてまつ》る〕。
我等は咸《み》な
みほとけ（三仏菩提尊《さんぶつぼだいそん》）に帰依し奉《たてまつ》る。

無《む》礙《げ》神《じん》通《づう》力《りき》 引

冥《みょう》加《が》願《がん》摂《しょう》受《じゅ》 引

我《が》等《とう》咸《げん》帰《き》命《みょう》 引

三《さん》乗《じょう》等《とう》賢《げん》聖《しょう》 引

何人《なにびと》も碍《さえぎ》ることなき大いなる力をもって、

冥《ひそ》かに加護《かご》し願《ねが》わくは摂受《すく》いたまえ。

我等《われら》は咸《み》な、

菩薩その他の賢者聖者《けんじゃせいじゃ》、

学《がく》仏《ぶっ》大《だい》悲《ひ》心《しん》　引

長《じょう》ー時《じ》無《む》退《たい》者《しゃ》　引

請《しょう》願《がん》遥《よう》加《か》備《び》　引

念《ねん》念《ねん》見《けん》諸《しょ》仏《ぶっ》　引

仏《みほとけ》の大慈悲心《だいじひしん》を学び

永久に仏道から退《しりぞ》くこと無き者に〔帰依したてまつる。〕

請《こ》い願《ねが》わくは遥《はる》かなる加護によって、

念仏の一声一声に諸《もろもろ》の仏《みほとけ》を見たてまつらんことを。

我_が等_{とう}愚_ぐ痴_ち身_{しん} 〔引〕

曠_{こう}劫_{ごう}来_{らい}流_る転_{てん} 〔引〕

今_{こん}逢_ぶ釈_{しゃ}迦_か仏_{ぶつ} 〔引〕

末_{まっ}法_{ぽう}之_し遺_{ゆい}跡_{しゃく} 〔引〕

我等は愚痴なる身にして

永劫の昔より〔迷いの世界を〕流転したるも、

今、釈迦如来の

末世にふさわしい遺教

我（が）等（とう）愚（ぐ）痴（ち）身（しん）〔引〕

曠（こう）劫（ごう）来（らい）流（る）転（てん）〔引〕

今（こん）逢（ぶ）釈（しゃ）迦（か）仏（ぶつ）〔引〕

末（まっ）法（ぽう）之（し）遺（ゆい）跡（しゃく）〔引〕

我等（われら）は愚痴（おろか）なる身にして

永劫（ようごう）の昔より〔迷（まよ）いの世界（せかい）を〕流転（るてん）したるも、

今、釈迦如来の

末世（まっせ）にふさわしい遺教（おしえ）

弥《み》陀《だ》本《ほん》誓《ぜい》願《がん》　引
極《ごく》楽《らく》之《し》要《よう》門《もん》　引
定《じょう》散《さん》等《とう》廻《え》向《こう》　引
速《そく》証《しょう》無《む》生《しょう》身《しん》　引

〔即《すなわ》ち〕阿弥陀如来の本願（大慈悲にもとづく誓い）、
極楽世界への肝要《かんよう》の門《もん》に〔逢《あ》う〕。
〔観仏三昧《かんぶつざんまい》などの〕定善《じょうぜん》をも、〔その他《た》の善《ぜん》根功徳《ごんくどく》を積《つ》み重《かさ》ねる〕散善《さんぜん》をも等しく回し向けて、〔その功徳によって〕
速《すみ》やかに仏《ほとけ》（無生身《むしょうしん》）となろう。

我《が》依《え》菩《ぼ》薩《さっ》蔵《ぞう》引
頓《とん》教《ぎょう》一《いち》乗《じょう》海《かい》引
説《せっ》偈《げ》帰《き》三《さん》宝《ぼう》引
与《よ》仏《ぶっ》心《しん》相《そう》応《おう》引

私は、大乗《だいじょう》の菩薩《ぼさつ》の教え、
頓教《とんぎょう》（頓《すみや》かに成仏《じょうぶつ》に到《いた》る道《みち》）、一乗海《いちじょうかい》
（全ての衆生《しゅじょう》のための唯一の大道たる仏《みほとけ》の
教え）により、
この詩を説き、三宝《さんぼう》（仏《ほとけ》・法《おしえ》・僧《ひとびと》）に帰
依を捧《ささ》げ、
仏《みほとけ》の心に添《そ》いたてまつる。

十《じっ》方《ぽう》恒《ごう》沙《じゃ》仏《ぶつ》　引

六《ろく》通《つう》照《しょう》知《ち》我《が》　引

今《こん》乗《じょう》二《に》尊《そん》教《ぎょう》　引

広《こう》開《かい》浄《じょう》土《ど》門《もん》　引

十方世界にまします、恒伽河辺《ガンジスかわべ》の沙《すな》の数《かず》ほども多い仏《みほとけ》たちよ、

〔天眼《てんげん》・天耳《てんに》など〕六種の神通力《じんづうりき》をもって私を照覧《しょうらん》したまえ。

今や、〔弥陀《みだ》・釈迦《しゃか》〕二尊《にそん》の教えに導かれつつ、

広く浄土（極楽世界）の門を開こう。

願《がん》以《に》此《し》功《く》徳《どく》引

平《びょう》等《どう》施《せ》一《いっ》切《さい》引

同《どう》発《ほっ》菩《ぼ》提《だい》心《しん》引

往《おう》生《じょう》安《あん》楽《らっ》国《こく》引

磬一声 ○

願《ねが》わくは此《こ》の仏《みほとけ》の功徳《くどく》をば

平等に一切衆生《いっさいしゅじょう》に分《わ》かち、

共々《ともども》に求道心《ぐどうしん》をおこして

仏《みほとけ》の国《くに》（安楽国《あんらっこく》）に往生《おうじょう》しよう。

短《たん》念《ねん》仏《ぶつ》六返《べん》

出音八調ミ

●南《なー》無《まー》阿弥《ん》陀《だー》仏《ぶー》

同音

南《なー》無《まー》阿弥《ん》陀《だー》仏《ぶー》

磬一声 ○

南《なー》無《まー》阿弥《ん》陀《だー》仏《ぶー》

南《なー》無《まー》阿弥《ん》陀《だー》仏《ぶー》

南《なー》無《まー》阿弥《ん》陀《だー》仏《ぶー》

南《なー》無《まー》阿弥《ん》陀《だー》仏《ぶー》

磬一声 ○

回向句《えこうく》　龍樹菩薩造『十二礼《じゅうにらい》』末尾の詩頌

出音八調ミ

●我《が》説《せ》彼《び》尊《そん》引　同音　功《く》徳《どく》事《じ》引

私は彼《か》の尊《ほとけ》の功徳《くどく》の事《こと》を説《と》く。

衆《しゅ》善《ぜん》無《む》辺《へん》如《にょ》海《かい》水《すい》い

衆《もろもろ》の善《ぜん》は辺無《ほとりな》く、〔大《だい》〕海《かい》の水の如し。

所《しょ》獲《ぎゃく》善《ぜん》根《ごん》清《しょう》浄《じょう》者《しゃ》　く　ん　んう　おう　引　う

獲《う》る所《ところ》の清浄《しょうじょう》なる善根《ぜんこん》をば

廻《え》施《せ》衆《しゅ》生《じょう》生《しょう》彼《ひ》國《こー》　うう　引　引

磬三声 ○ ○ ○

5 路念仏

じねんぶつ

出棺勤行が終わり、本来ならば、ここで柩《ひつぎ》（葬列《そうれつ》）は火葬場《かそうじょう》（葬儀場《そうぎじょう》）に向かいます。

原則としては、その道すがら、参列者一同が、ずっと念仏を称えるべきものですが、それを簡略にし、葬列が動き出す直前と、途中と、および火葬場の入口で、それぞれ四句ずつ念仏を称えます。これを路念仏《じねんぶつ》と呼びます。

ただし、出棺勤行に引きつづいて葬場勤行が行われる場合には、その場で四句のみを称《とな》えるが、これも省かれることがあります。この場合には、葬場勤行が終って、柩が本当に火葬場に向かうに当たって路念仏を称えるべきでしょう。

路《じ》念《ねん》仏《ぶつ》

盤二声○○（または作相、緩急）

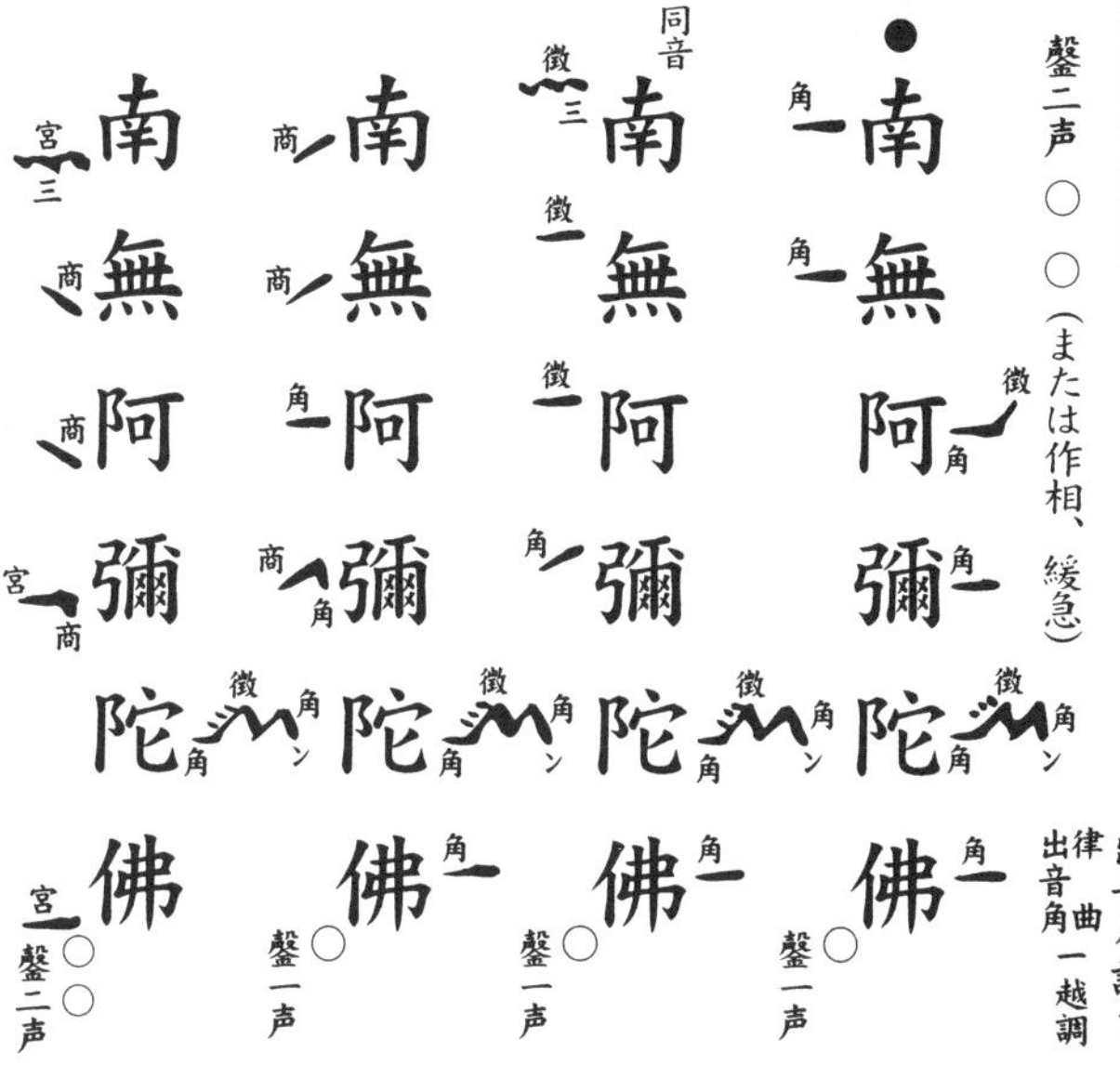

出音八調ソ
律曲一越調
出音角

⑥ 葬場勤行
そうじょうごんぎょう

◇最後の日常勤行として正信偈を読誦

葬場勤行は、故人が常日頃、仏法者《ぶっぽうしゃ》として親交のあった手次寺《てつぎでら》（たのみ寺、檀那寺《だんなでら》）の住職その他の僧侶、ならびに親族、知友らと共に行う、最後の日常勤行《にちじょうごんぎょう》です。

したがって、この場合の勤行には、念仏者が朝夕読誦してきた、浄土真宗でもっとも基本的な聖典《せいてん》『正信念仏偈《しょうしんねんぶつげ》』と『高僧和讃《こうそうわさん》』二首（ともに宗祖《しゅうそ》、親鸞聖人《しんらんしょうにん》の作）が依用《えよう》されます。

この際の本尊《ほんぞん》は正面の阿弥陀如来像または六字尊号（南無阿弥陀仏）です。

また『正信偈《しょうしんげ》』の前に『三奉請《さんぶじょう》』を誦《とな》えて、弥陀《みだ》・釈迦《しゃか》・十方《じっぽう》の諸仏《しょぶつ》をお迎えするお勤めをすることもありますが、元来、日常勤行では行《おこな》われません。なお、葬場勤行の正信偈の音譜《おんぷ》は、日常勤行のもの（一般に草譜《そうふ》と呼ぶ）よりも一層簡略化されています。

本来、臨終《りんじゅう》、納棺《のうかん》、通夜の各勤行、ならびに葬儀当日の出棺《しゅっかん》勤行までは故人の自宅で行い、その後、葬列を組んで火葬場（葬場）に向かい、そこで葬儀（葬場）勤行を勤め、そのあと、いよいよ荼毘《だび》に付する直前に、火屋《ひや》勤行を勤めていました。

しかるに近年、通夜、出棺、葬場勤行までを一括して会館などで行い、その後、火葬場に向かい、そこで火屋勤行を行うことになり、本来の形式とのずれが目立つようになってきました。

しかし、形は変わろうとも、一つ一つの勤行の意味を正しく理解して、葬儀に臨みたいものです。
◇焼香の注意点
葬儀は会葬者《かいそうしゃ》全部で行うのが原則です。

作法としては読経《どっきょう》は最も重く、焼香《しょうこう》、供花《ぐか》、献灯《けんとう》などはこれに次《つ》ぐ。従って喪《も》主《しゅ》以下は自らの読経中に、または読経後に、順番にこだわらずに焼香するのが本来ですが、現在では一応、読経のはじめの部分は全員がとなえ、導師が『正信偈《しょうしんげ》』〃五劫思惟之摂受《ごこうしゆいししょうじゅ》〃の一句《く》を発音《はっとん》して後、葬儀委員長、喪主以下が順次焼香する形式をとっています。

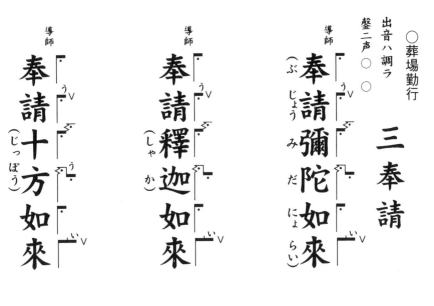

○葬場勤行

出音ハ調ラ
盤二声○○

三奉請

導師
奉請《ぶじょう》彌陀《みだ》如來《にょらい》

導師
奉請釋迦《しゃか》如來

導師
奉請十方《じっぽう》如來

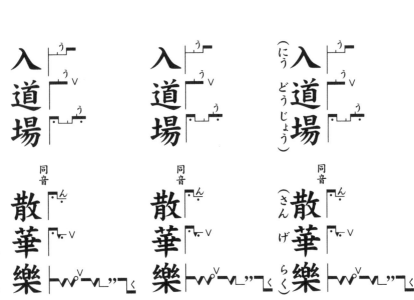

入道場《にうどうじょう》

入道場

入道場

同音
散華樂《さんげらく》

同音
散華樂

同音
散華樂

磬作相 ○○○○○○○○○○○

導師焼香

表白　奉呈

磬打ち下ろし ○○○○○○○○○○○

弔辞 等

磬二声 ○○

正信偈

○葬儀　表白

敬《うやま》って
西方の浄土、
阿弥陀如来の御前《おんまえ》に白《もう》して言《もう》さく
本日　茲《ここ》に
有縁《うえん》（衆多《あまた》）参集の人々と共に
恭々《うやうや》しく尊前を荘厳し
懇《ねんご》ろに聖教を読誦して
法名　○○院釋○○
俗名　○○○○の葬儀を
勤修し奉る
それ惟《おも》んみるに
行く河の流れは絶えずして

しかも元《もと》の水に非《あら》ず
淀《よど》みに浮かぶ水泡《うたかた》は
且《か》つ消え且《か》つ結びて
久しく止《とどま》ること無しと言えり。
実《げ》に、流るる水も水泡も
移り変るといえども
岸辺の花も　咲きては散り
これを見る人　また　移ろいて
久しく止《とどま》る者
一人も有ること無し。
まことに
我等、この世に生を受くる者

永久《とこしえ》の生命《いのち》を願《ねが》うとも
得《う》ることかなわず。
朝《あした》の紅顔《こうがん》は　夕《ゆうべ》を期すること能《あた》はず。
ここに又、一つの生命《いのち》尽き
佛《ほとけ》の御手《みて》に抱《いだ》かれて
み佛《ほとけ》の国に赴《おもむ》くなり。
「今《いま》―や、世降《よくだ》り
人の心
いよ〳〵つたなきを加うるの時
願「はくは
蓮華《はちす》の国に生るる人
不思議の力を現わして

再びこの世に影向《ようごう》して
後に残れる我等のために
大いなる灯明となり給い
我等また
深く故人を偲びつつ
み佛《ほとけ》の大いなる願いの中に
強く正しく生き抜かんことを
導師　〇〇寺住職　釋〇〇
伏して「請《こ》―う
三宝《さんぼう》、深く「大悲を垂《た》れて
哀愍納受《あいみんのうじゅ》し給《たま》え

出音ハ調ミ

正信念仏偈《しょうしんねんぶつげ》

〔鏧二声○○〕

●帰《き》命《みょう》引無《む》量《りょう》引寿《じゅ》如《にょ》来《らい》引

同音
南《な》無《も》不《ふ》可《か》思《し》議《ぎ》光《こう》引

法《ほう》蔵《ぞう》菩《ぼ》薩《さつ》因《いん》位《に》時《じ》引

在《ざい》世《せ》自《じ》在《ざい》王《おう》仏《ぶつ》所《しょ》引

覩《と》見《けん》諸《しょ》仏《ぶつ》浄《じょう》土《ど》因《いん》引

国《こく》土《ど》人《にん》天《でん》之《し》善《ぜん》悪《まく》引

建《こん》立《りゅう》無《む》上《じょう》殊《しゅ》勝《しょう》願《がん》引

次第にゆっくり
超《ちょう》発《ほつ》希《け》引─有《う》大《だい》引─弘《ぐ》誓《ぜい》引

出音八調ソ

●五《ご》劫《こう》引 思《し》惟《ゆい》引 之《し》摂《しょう》引 受《じゅ》引

出音八調ミ

同音 重《じゅう》誓《せい》名《みょう》声《しょう》聞《もん》十《じっ》方《ぽう》引

普《ふ》放《ほう》無《む》量《りょう》無《む》辺《へん》光《こう》引

無《む》碍《げ》無《む》対《たい》光《こう》炎《えん》王《のう》引

清《しょう》浄《じょう》歓《かん》喜《ぎ》智《ち》慧《え》光《こう》引

不《ふ》断《だん》難《なん》思《じ》無《む》称《しょう》光《こう》引

超《ちょう》日《にち》月《がっ》光《こう》照《しょう》塵《じん》刹《せつ》引

一《いっ》切《さい》群《ぐん》生《じょう》蒙《む》光《こう》照《しょう》引

本《ほん》願《がん》名《みょう》号《ごう》正《しょう》定《じょう》業《ごう》引

至《し》心《しん》信《しん》楽《ぎょう》願《がん》為《に》因《いん》引

成《じょう》等《とう》覚《がく》証《しょう》大《だい》涅《ね》槃《はん》引

必《ひっ》至《し》滅《めつ》度《ど》願《がん》成《じょう》就《じゅ》引

如《にょ》来《らい》所《しょ》引ー以《い》興《こう》出《しゅっ》世《せ》引

唯《ゆい》説《せつ》弥《み》陀《だ》本《ほん》願《がん》海《かい》引

五《ご》濁《じょく》悪《あく》時《じ》群《ぐん》生《じょう》海《かい》引

応《おう》信《しん》如《にょ》来《らい》如《にょ》実《じつ》言《ごん》引

能《のう》発《ほつ》一《いち》念《ねん》喜《き》愛《あい》心《しん》引
不《ふ》断《だん》煩《ぼん》悩《のう》得《とく》涅《ね》槃《はん》引
凡《ぼん》聖《じょう》逆《ぎゃく》謗《ほう》斉《さい》回《え》入《にゅう》引
如《にょ》衆《しゅ》水《しい》入《にゅう》海《かい》一《いち》味《み》引

摂《せっ》取《しゅ》心《しん》光《こう》常《じょう》照《しょう》護《ご》引
已《い》能《のう》雖《すい》破《は》無《む》明《みょう》闇《あん》引
貪《とん》愛《ない》瞋《しん》憎《ぞう》之《し》雲《うん》霧《む》引
常《じょう》引｜覆《ふ》真《しん》実《じつ》信《しん》心《じん》天《てん》引

譬《ひ》如《にょ》日《にっ》光《こう》覆《ふ》雲《うん》霧《む》引
雲《うん》霧《む》之《し》下《げ》明《みょう》引ー無《む》闇《あん》引
獲《ぎゃく》信《しん》見《けん》敬《きょう》大《だい》慶《きょう》喜《き》引
即《そく》横《おう》超《ちょう》截《ぜつ》五《ご》悪《あく》趣《しゅ》引

一《いっ》切《さい》善《ぜん》悪《まく》凡《ぼん》夫《ぶ》人《にん》引
聞《もん》信《しん》如《にょ》来《らい》弘《ぐ》誓《ぜい》願《がん》引
仏《ぶっ》言《ごん》広《こう》大《だい》勝《しょう》解《げ》者《しゃ》引
是《ぜ》人《にん》名《みょう》分《ふん》陀《だ》利《り》華《け》引

弥《み》陀《だ》仏《ぶつ》本《ほん》願《がん》念《ねん》仏《ぶつ》引
邪《じゃ》見《けん》憍《きょう》慢《まん》悪《なく》衆《しゅ》生《じょう》引
信《しん》楽《ぎょう》受《じゅ》持《じ》甚《じん》以《に》難《なん》引
難《なん》中《ちゅう》之《し》難《なん》無《む》過《か》斯《し》引

印《いん》度《ど》西《さい》天《てん》之《し》論《ろん》家《げ》引
中《ちゅう》夏《か》日《じち》域《いき》之《し》高《こう》僧《そう》引
顕《けん》大《だい》聖《しょう》興《こう》世《せ》正《しょう》意《い》引
明《みょう》如《にょ》来《らい》本《ほん》誓《ぜい》応《おう》機《き》引

釈《しゃ》迦《か》如《にょ》来《らい》楞《りょう》伽《が》山《せん》引
為《い》衆《しゅ》告《ごう》命《みょう》南《なん》天《てん》竺《じく》引
龍《りゅう》樹《じゅ》大《だい》引ー士《じ》出《しゅっ》於《と》世《せ》引
悉《しつ》能《のう》摧《ざい》破《は》有《う》無《む》見《けん》引

宣《せん》説《ぜつ》大《だい》乗《じょう》無《む》上《じょう》法《ほう》引
証《しょう》歓《かん》喜《ぎ》地《じ》生《しょう》安《あん》楽《らく》引
顕《けん》示《じ》難《なん》行《ぎょう》陸《ろく》路《ろ》苦《く》引
信《しん》楽《ぎょう》易《い》行《ぎょう》水《しい》道《どう》楽《らく》引

憶《おく》念《ねん》弥《み》陀《だ》仏《ぶつ》本《ほん》願《がん》 引
自《じ》然《ねん》即《そく》時《じ》入《にゅう》必《ひつ》定《じょう》 引
唯《ゆい》能《のう》常《じょう》称《しょう》如《にょ》来《らい》号《ごう》 引
応《おう》報《ほう》大《だい》引ー悲《ひ》弘《ぐ》誓《ぜい》恩《おん》 引

天《てん》親《じん》菩《ぼ》薩《さつ》造《ぞう》論《ろん》説《せつ》 引
帰《き》命《みょう》無《む》碍《げ》光《こう》如《にょ》来《らい》 引
依《え》修《しゅ》多《た》羅《ら》顕《けん》真《しん》実《じつ》 引
光《こう》闡《せん》横《おう》超《ちょう》大《だい》誓《せい》願《がん》 引

引広《こう》—由《ゆ》本《ほん》願《がん》力《りき》回《え》向《こう》引

為《い》度《ど》群《ぐん》生《じょう》彰《しょう》一《いっ》心《しん》引

帰《き》入《にゅう》功《く》徳《どく》大《だい》宝《ほう》海《かい》引

必《ひつ》獲《ぎゃく》入《にゅう》大《だい》会《え》衆《しゅ》数《しゅ》引

得《とく》至《し》蓮《れん》華《げ》蔵《ぞう》世《せ》界《かい》引

即《そく》証《しょう》真《しん》如《にょ》法《ほっ》性《しょう》身《じん》引

遊《ゆう》煩《ぼん》悩《のう》林《りん》現《げん》神《じん》通《ずう》引

入《にゅう》生《しょう》死《じ》園《おん》示《じ》応《おう》化《げ》引

本《ほん》師《し》曇《どん》鸞《らん》梁《りょう》天《てん》子《し》　引

常《じょう》向《こう》鸞《らん》処《しょ》菩《ぼ》薩《さつ》礼《らい》　引

三《さん》蔵《ぞう》流《る》支《し》授《じゅ》浄《じょう》教《きょう》　引

焚《ぼん》焼《じょう》仙《せん》経《ぎょう》帰《き》楽《らく》邦《ほう》　引

天《てん》親《じん》菩《ぼ》薩《さつ》論《ろん》註《ちゅう》解《げ》　引

報《ほう》土《ど》因《いん》果《が》顕《けん》誓《せい》願《がん》　引

往《おう》還《げん》回《ね》向《こう》由《ゆ》他《た》力《りき》　引

正《しょう》定《じょう》之《し》因《いん》唯《ゆい》信《しん》心《じん》　引

惑《わく》染《ぜん》凡《ぼん》夫《ぶ》信《しん》心《じん》発《ぽっ》引

証《しょう》引ー知《ち》生《しょう》引ー死《じ》即《そく》涅《ね》槃《はん》引

必《ひっ》至《し》無《む》量《りょう》光《こう》明《みょう》土《ど》引

諸《しょ》引ー有《う》衆《しゅ》生《じょう》皆《かい》普《ふ》化《け》引

道《どう》綽《しゃっ》決《けっ》聖《しょう》道《どう》難《なん》証《しょう》引

唯《ゆい》明《みょう》浄《じょう》土《ど》可《か》通《つう》入《にゅう》引

萬《まん》善《ぜん》自《じ》力《りき》貶《へん》勤《ごん》修《しゅ》引

円《えん》満《まん》徳《とく》号《ごう》勧《かん》専《せん》称《しょう》引

引三《さん》—不《ぷ》三《さん》信《しん》誨《け》慇《おん》懃《ごん》引
像《ぞう》末《まつ》法《ほう》滅《めつ》同《どう》引—悲《ひ》引《いん》引
一《いっ》生《しょう》造《ぞう》悪《あく》値《ち》弘《ぐ》誓《ぜい》引
至《し》安《あん》養《にょう》界《がい》証《しょう》妙《みょう》果《か》引

善《ぜん》導《どう》独《どく》明《みょう》仏《ぶっ》正《しょう》意《い》引
矜《こう》哀《あい》定《じょう》散《さん》与《よ》逆《ぎゃく》悪《あく》引
光《こう》明《みょう》名《みょう》号《ごう》顕《けん》因《いん》縁《ねん》引
引開《かい》—入《にゅう》本《ほん》願《がん》大《だい》引—智《ち》海《かい》引

行《ぎょう》者《じゃ》正《しょう》受《じゅ》金《こん》剛《ごう》心《しん》

慶《きょう》喜《き》一《いち》念《ねん》相《そう》応《おう》後《ご》

与《よ》韋《い》提《だい》等《とう》獲《ぎゃく》三《さん》忍《にん》

即《そく》証《しょう》法《ほっ》性《しょう》之《し》常《じょう》楽《らく》

源《げん》信《しん》広《こう》開《かい》一《いち》代《だい》教《きょう》

偏《へん》帰《き》安《あん》養《にょう》勧《かん》一《いっ》切《さい》

専《せん》雑《ぞう》執《しゅう》心《しん》判《はん》浅《せん》深《じん》

報《ほう》化《け》二《に》土《ど》正《しょう》弁《べん》立《りゅう》

極《ごく》重《じゅう》悪《あく》人《にん》唯《ゆい》称《しょう》仏《ぶつ》引

我《が》亦《やく》在《ざい》引─彼《ひ》摂《せっ》取《しゅ》中《ちゅう》引

煩《ぼん》悩《のう》障《しょう》眼《げん》雖《すい》不《ふ》見《けん》引

大《だい》引─悲《ひ》無《む》倦《けん》常《じょう》照《しょう》我《が》引

本《ほん》師《し》源《げん》空《くう》明《みょう》仏《ぶっ》教《きょう》引

憐《れん》愍《みん》善《ぜん》悪《まく》凡《ぼん》夫《ぶ》人《にん》引

真《しん》宗《しゅう》教《きょう》証《しょう》興《こう》片《へん》州《しゅう》引

選《せん》択《じゃく》本《ほん》願《がん》弘《ぐ》悪《あく》世《せ》引

還《げん》来《らい》生《しょう》引ー死《じ》輪《りん》転《でん》家《げ》引

決《けっ》以《ち》疑《ぎ》情《じょう》為《い》所《しょ》止《し》引

速《そく》入《にゅう》寂《じゃく》静《じょう》無《む》為《い》楽《らく》引

必《ひっ》以《ち》信《しん》心《じん》為《い》能《のう》引入《にゅう》引

弘《ぐ》経《きょう》引大《だい》引ー士《じ》宗《しゅう》引ー師《し》等《とう》引

拯《じょう》引済《さい》引無《む》辺《へん》引極《ごく》引濁《じょく》引悪《あく》引

道《どう》引俗《ぞく》引時《じ》衆《しゅ》引共《ぐ》同《どう》引心《しん》引

唯《ゆい》引可《か》引信《しん》引斯《し》引高《こう》引僧《そう》引説《せつ》引

調ミ お
調レ う
調レ う
、調レ
鏧○
一声

短念仏六返

出音八調ミ

●南《なー》無《まー》阿弥《ん》陀《だー》仏《ぶー》

磬一声○

同音

南《なー》無《まー》阿弥《ん》陀《だー》仏《ぶー》

南《なー》無《まー》阿弥《ん》陀《だー》仏《ぶー》

南《なー》無《まー》阿弥《ん》陀《だー》仏《ぶー》

南《なー》無《まー》阿弥《ん》陀《だー》仏《ぶー》

南《なー》無《まー》阿弥《ん》陀《だー》仏《ぶー》

磬一声○

念仏

出音八調ラ

●南《な》無《も》阿《あ》弥《み》陀《だん》仏《ぶ》

同音

南《な》無《も》阿《あ》弥《み》陀《だん》仏《ぶ》

南《な》無《も》阿《あ》弥《み》陀《だん》仏《ぶ》

南《な》無《も》阿《あ》弥《み》陀《だん》仏《ぶ》

南《な》無《も》阿《あ》弥《み》陀《だん》仏《ぶ》

南《な》無《も》阿《あ》弥《み》陀《だん》仏《ぶ》

添引和讃《そえびきわさん》二首

出音ハ調ラ

●本願力《ほんがんりき》ニアヒヌレバ

佛《みほとけ》の大きな慈悲を喜ぶ身になれば

同音

ムナシクスグルヒトゾナキ

その後は迷いの日々を送る人はいない

功徳《くどく》ノ寶海《ほうかい》ミチミチテ

大海《だいかい》のように大きな功徳《くどく》を一杯受けて

煩悩《ぼんのう》ノ濁水《じょくしい》ヘダテナシ

心の汚れも悩みもすべて佛《ほとけ》の徳と変わってゆくのである。

出音ハ調ラ

●如《にょ》来《らい》浄《じょう》華《け》ノ聖《しょう》衆《じゅ》ハ

極楽世界の蓮《はちす》の花に坐《おわ》す聖衆《ひとびと》は

同音

正《しょう》覚《がく》ノハナヨリ化《け》生《しょう》シテ

佛《みほとけ》のさとりの花から忽然《こつねん》と生まれるのである。〔だから〕

衆《しゅ》生《じょう》ノ願《がん》樂《げう》コトゴ《ごと》ク

〔自ら佛《ほとけ》となり、他の人々をも済《すく》おうという〕衆生《しゅじょう》の願楽《ねがい》はすべて

スミヤカニトク満《まん》足《ぞく》ス

すみやかに満たされるのである。

回向（「帰三宝偈」の末尾）

出音ハ調ミ

●願《がん》以《に》此《し》功《く》徳《どく》

願わくは此《こ》の佛《みほとけ》の功徳《くどく》をば

同音

平《びょう》等《どう》施《せ》一《いっ》切《さい》

平等に一切衆生《いっさいしゅじょう》に分ち合い

同《どう》發《ほっ》菩《ぼ》提《だい》心《しん》

同《ともども》に信心《しんじん》をいただいて

往《おう》生《じょう》安《あん》樂《らっ》國《こー》

佛《みほとけ》の国に往生《おうじょう》しよう。

磬三声 ○ ○ ○

⑦ 火屋勤行
ひやごんぎょう

葬場《そうじょう》での勤行《ごんぎょう》が終わって、柩《ひつぎ》を火屋《ひや》に移し、いよいよ荼毘《だび》に附《ふ》せんとするとき、「重誓偈《じゅうせいげ》」を読誦《どくじゅ》し、仏《みほとけ》の誓いをあらためて味わわせていただきます。

「重誓偈《じゅうせいげ》」（「三誓偈《さんせいげ》」）

『無量寿経《むりょうじゅきょう》』の中で、修行者《しゅぎょうしゃ》・法蔵《ほうぞう》比丘《びく》が、一切衆生《いっさいしゅじょう》を済《すく》おうと世自在王如来の前で四十八の誓願《ちかい》（四十八願）を建《た》て、そのあと重ねて、その要点を三つにまとめて誓われる、それが「重誓偈」です。はじめに〝誓《せい》不《ふ》成《じょう》正覚《しょうがく》〟と三たび誓《ちか》われるので、「三誓偈《さんせいげ》」とも呼ばれます。

盤二声〇〇　出音ハ調ミ

●我《が》建《ごん》超《ちょう》世《せ》願《がん》　引

私は今、世《よ》にもすぐれたる誓願《ちかい》を建《た》て

同音　必《ひっ》至《し》無《む》上《じょう》道《どう》　引

必《かなら》ず無上《むじょう》の仏《ほとけ》の証《さと》りに達《たっ》したいと思う。

斯《し》願《がん》不《ふ》満《まん》足《ぞく》　引

斯《こ》の（世にもすぐれたる）願《ねがい》が成就《じょうじゅ》せぬ限《かぎ》り

誓《せい》ー不《ふ》成《じょう》正《しょう》覚《がく》　引

誓《ちか》って仏《ほとけ》とはならない。

我《が》於《お》無《む》量《りょう》劫《こう》　引

私は永遠《えいえん》に

不《ふ》為《い》大《だい》施《せ》主《しゅ》　引

偉大なる恵《めぐ》みの主《ぬし》となり、

普《ふ》済《さい》諸《しょ》貧《びん》苦《ぐ》　引

貧《まず》しい者、苦しむ者を普《あまね》く済《すく》おう。

誓《せい》ー不《ふ》成《じょう》正《しょう》覚《がく》　引

［さもなくば］誓《ちか》って仏《ほとけ》とはならない。

我《が》至《し》成《じょう》仏《ぶつ》道《どう》　引
私が仏《ほとけ》となったとき
名《みょう》声《しょう》超《ちょう》十《じっ》方《ぽう》　引
私の名声《めいせい》は十方世界《じっぽうせかい》にとどろくだろう。
究《く》竟《きょう》靡《み》所《しょ》聞《もん》　引
〔名声《めいせい》の〕とどかぬところがもしもあるならば
誓《せい》ー不《ふ》成《じょう》正《しょう》覚《がく》　引
誓《ちか》って仏《ほとけ》とはならない。

離《り》欲《よく》深《じん》正《しょう》念《ねん》　引
欲《よく》を離れ、深く思惟《しゆい》し、
浄《じょう》慧《え》修《しゅ》梵《ぼん》行《ぎょう》　引
浄《きよ》き智恵《ちえ》をもて清浄《しょうじょう》の修行《しゅぎょう》を行い、
志《し》求《ぐ》無《む》上《じょう》道《どう》　引
仏《ほとけ》への道《みち》を志《こころざ》し、
為《い》諸《しょ》天《てん》人《にん》師《し》　引
天界《てんがい》と人間界《にんげんかい》との師となろう。

神《じん》力《りき》演《えん》大《だい》光《こう》　引

不思議《ふしぎ》の力は大きな光《ひかり》を放《はな》ち、

普《ふ》照《しょう》無《む》際《さい》土《ど》　引

無限《むげん》の世界を普《あまね》く照《て》らし、

消《しょう》除《じょ》三《さん》垢《く》冥《みょう》　引

三垢《さんく》（貪欲《よく》・瞋恚《いかり》・愚痴《おろかさ》）の冥闇《くらやみ》を取除《とりのぞ》いて

広《こう》済《さい》衆《しゅ》厄《やく》難《なん》　引

広く衆人《もろびと》を厄難《やくなん》から済《すく》おう。

開《かい》彼《ひ》智《ち》慧《え》眼《げん》　引

智恵《ちえ》の眼《まなこ》を開《ひら》き

滅《めっ》此《し》昏《こん》盲《もう》闇《あん》　引

此《こ》の〔世界《せかい》の〕昏盲闇《くらやみ》を滅《ほろぼ》し

閉《へい》塞《そく》諸《しょ》悪《あく》道《どう》　引

諸《もろもろ》の悪《あく》の道《みち》を閉塞《とざ》して

通《つう》達《だっ》善《ぜん》趣《しゅ》門《もん》　引

善《ぜん》〔の世界へ〕の門に達《たっ》せしめよう。

功《こう》祚《そ》成《じょう》満《まん》足《ぞく》　引

仏《ほとけ》の位《くらい》（功祚《こうそ》）に到れば、

威《い》耀《よう》朗《ろう》十《じっ》方《ぽう》　引

威光《いこう》は十方《じっぽう》世界《せかい》に輝《かがや》き、

日《にち》月《がつ》戢《しゅう》重《じゅう》暉《き》　引

日月《にちがつ》も共に暉《かがや》くことを戢《や》め

天《てん》光《こう》隠《おん》不《ぷ》現《げん》　引

天《てん》の光《ひかり》も遥《はる》かに及《およ》ばぬであろう。

為《い》衆《しゅ》開《かい》法《ほう》蔵《ぞう》　引

人びとの為に法《おしえ》の蔵《くら》を開《ひら》いて

広《こう》施《せ》功《く》徳《どく》宝《ほう》　引

広《ひろ》く功徳《しあわせ》の宝《たから》を施《ほどこ》し、

常《じょう》於《お》大《だい》衆《しゅ》中《ぢゅう》　引

常《つね》に大衆《ひとびと》の中に在《あ》って

説《せっ》法《ぽう》師《し》子《し》吼《く》　引

雄々《おお》しく法《おしえ》を説こう。

供《く》養《よう》一《いっ》切《さい》仏《ぶっ》　引

一切《いっさい》の仏《みほとけ》に供養《くよう》し、

具《ぐ》足《そく》衆《しゅ》徳《とく》本《ほん》　引

衆《もろもろ》の善《ぜん》（徳《とく》の本《もと》）を具《そな》え、

願《がん》慧《ね》悉《しっ》成《じょう》満《まん》　引

誓願《ねがい》と智恵《ちえ》とを悉《ことごと》く成《な》しとげて

得《とく》為《い》三《さん》界《がい》雄《お》　引

あらゆる世界の雄《ゆう》となろう。

如《にょ》仏《ぶっ》無《む》碍《げ》智《ち》　引

仏《みほとけ》の偉大《いだい》な智恵《ちえ》の光《ひかり》が

通《つう》達《だっ》靡《み》不《ふ》照《しょう》　引

あまねく照《て》らさぬところ靡《な》きが如《ごと》く、

願《がん》我《が》功《く》慧《え》力《りき》　引

願《ねが》わくは我《わ》が智恵《ちえ》の力《ちから》も

等《とう》此《し》最《さい》勝《しょう》尊《そん》　引

この最勝尊《みほとけ》（世自在王如来）と等《ひと》しい
ものとならんことを。

斯《し》願《がん》若《にゃっ》剋《こっ》果《か》　引
斯《こ》の願いが若《も》し満《み》たされるならば

大《だい》千《せん》応《おう》感《かん》動《どう》　引
三千大千世界《さんぜんだいせんせかい》も応《まさ》に感動《かんどう》し、

次第にゆっくり
虚《こ》空《くう》諸《しょ》天《てん》人《にん》
虚空《こくう》の神々《かみがみ》も

当《とう》雨《う》珍《ちん》妙《みょう》華《け》
磬一声 ○
当《まさ》に美しい天《てん》の華《はな》を雨《あめ》と降《ふ》らせたまえ。

短《たん》念《ねん》仏《ぶつ》六返《べん》

出音八調ミ
●南《なー》無《まー》阿弥《ん》陀《だー》仏《ぶー》
磬一声 ○

同音
南《なー》無《まー》阿弥《ん》陀《だー》仏《ぶー》

南《なー》無《まー》阿弥《ん》陀《だー》仏《ぶー》

南《なー》無《まー》阿弥《ん》陀《だー》仏《ぶー》

南《なー》無《まー》阿弥《ん》陀《だー》仏《ぶー》

南《なー》無《まー》阿弥《ん》陀《だー》仏《ぶー》
磬一声 ○

回《え》向《こう》句《く》（一）

出音八調ミ

●願《がん》以《に》此《し》功《く》徳《どく》

願《ねが》わくは此《こ》の仏《みほとけ》の功徳《くどく》をば

同音　平《びょう》等《どう》施《せ》一《いっ》切《さい》

平等に一切衆生《いっさいしゅじょう》に分かち、

同《どう》発《ほっ》菩《ぼ》提《だい》心《しん》

同《ともども》に信心《しんじん》をいただいて

往《おう》生《じょう》安《あん》楽《らっ》国《こく》

仏《みほとけ》の国に往生《おうじょう》しよう。

磬三声

回《え》向《こう》句《く》（二）

出音八調ミ

●其《ご》佛《ぶっ》本《ほん》願《がん》力《りき》

其《そ》の仏《みほとけ》〔阿弥陀如来〕の本願力により、

同音　聞《もん》名《みょう》欲《よく》往《おう》生《じょう》

〔仏《みほとけ》の〕名《な》を聞いて〔仏《みほとけ》の国《くに》に〕往生せんと欲《ねが》えば、

皆《かい》悉《しっ》到《とう》彼《ひ》国《こく》

みな悉《ことごと》く仏《みほとけ》の国《くに》に到《いた》って

自《じ》致《ち》不《ふ》退《たい》転《てん》

おのづから不退転《ふたいてん》の位《くらい》にいたるであろう。

磬三声

出典《しゅってん》　『大無量寿経《だいむりょうじゅきょう》』巻下の「往観偈《おうごんげ》」の中の一偈《げ》

回《え》向《こう》句《く》（三）

出《しゅっ》典《てん》　天親《てんじん》菩薩《ぼさつ》造《ぞう》『浄土論《じょうどろん》』のはじめの詩頌《しじゅ》

出音八調ミ

●世《せ》尊《そん》我《が》一《いっ》心《しん》

世尊《みほとけ》よ、私は一心《いっしん》に

同音　歸《き》命《みょう》盡《じん》十《じっ》方《ぽう》

その光《ひかり》、十方世界《じっぽうせかい》に碍《さえぎ》るものなき
如来《みほとけ》に、

無《む》礙《げ》光《こう》如《にょ》来《らい》

帰命《きみょう》したてまつる。

○願《がん》生《しょう》○安《あん》樂《らっ》○國《こー》　磬三声

8 野返り
のがえり

◇火葬の間、家庭のお仏壇で勤行する場合

火葬の間、近親者少数は火葬場で待機し、他は家にもどり、そこで簡単な勤行《ごんぎょう》をする地方があります。この際の勤行は一定していませんが、「阿弥陀経《あみだきょう》」（または「正信偈《しょうしんげ》」）、「短念仏」、「回向《えこう》」の程度です。

9 収骨勤行
しゅうこつごんぎょう

◇火葬場で収骨の勤行を行う場合

火葬場で遺骨《いこつ》を拾って後、それを壺に入れ、さらに木箱に納め、白布で包みます。この時、遺骨が納まった木箱を卓上に安置して勤行《ごんぎょう》を行う場合があります。その時、できれば三ッ折の懐中《かいちゅう》名号《みょうごう》（携帯用の名号＝南無阿弥陀仏＝本尊）をその前に立てて燃香《ねんこう》あるいは焼香《しょうこう》し、勤行します。

この場合の勤行は、「讃佛偈《さんぶつげ》」、「短念仏」、「回向《えこう》」の程度です。

収骨《しゅうこつ》に当たってお骨を多くの有縁《うえん》の方々に分けることは、釈尊《しゃくそん》の御遺骨《ごいこつ》を、ご縁のあった八つの地方に分骨《ぶんこつ》したとの故事《こじ》にも合致し、大へん結構なことです。お骨を縁として各家々でお念仏が盛んになるからです。

註　讃佛偈《さんぶつげ》＝『大無量寿経《だいむりょうじゅきょう》』の中にあり、仏《みほとけ》の徳《とく》を讃《たた》え、自らも仏となって、苦悩の衆生《しゅじょう》を救わんと誓う偈《げ》（詩）。

⑩ 還骨勤行《かんこつごんぎょう》と中陰壇《ちゅういんだん》のつくり方

◇還骨勤行の心得

遺骨《いこつ》が家に還《かえ》ってくると、お仏壇を荘《しょう》厳《ごん》し、中陰壇を舗設し遺骨を中陰壇の前に安置して、一同で勤行します。

仏壇の荘厳は納棺勤行《のうかんごんぎょう》以来ほぼ同じで、戸帳《とちょう》と打敷《うちしき》は白または銀襴《ぎんらん》（あるいは地味な金襴《きんらん》）。糸華鬘《いとけまん》、揚巻《あげまき》も白。前卓《まえじょく》は三具《みつぐ》足《そく》で花瓶《かひん》は樒《しきみ》、白蝋燭。

勤行は、「阿弥陀経《あみだきょう》（四頁）」、「念仏」、「和讃二首《わさんにしゅ》（二六頁）」（観音勢至《かんのんせいし》モロトモニ……安楽浄土《あらくじょうど》ニイタルヒト……）、「回向《えこう》」。

このあと「御文章《ごぶんしょう》」（白骨章《はっこつしょう》＝一三〇頁参照）

を拝読します。

◇中陰壇と中陰法要

中陰壇は、ほぼ左のように作ります。仏壇の脇の床《とこ》の間《ま》に六字尊号《ろくじそんごう》をかけ、その前に二～三段をつくって白布で覆います。その最上段に遺骨を安置します。（骨箱の白布には法名《ほうみょう》を書きます。または法名をそこにかけます。その前に故人の遺影《いえい》を安置してもよろしい。）前に卓、その上に香炉《こうろ》または三具足《みつぐそく》をおきます。花は赤を

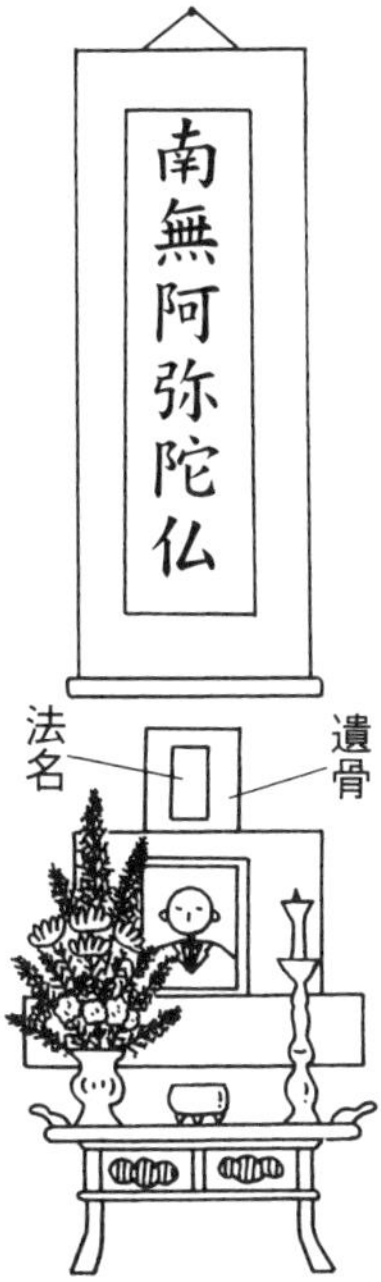

除き、白黄などの色花。お仏飯《ぶっぱん》はお仏壇に供えます。

なお、以後、満中陰《まんちゅういん》までは、常灯明《じょうとうみょう》、常香《じょうこう》が本儀でありましょう。しかし、実際にはそれは困難なことです。また香煙《こうえん》を絶やさぬようにという配慮から、渦巻《うずまき》状《じょう》の線香を用いる場合もあるようですが、家人不在の場合は火災の恐れもあり、本来、自ら尊前に侍《はべ》るべきなのに、線香に後をゆだねることは、本意ではないでしょう。

七日七日《なのかなのか》の法要以外は、朝夕《あさゆう》の勤行を平常にも増して厳粛におつとめすることでよいのではないでしょうか。

御《ご》文《ぶん》章《しょう》（白骨章《はっこつしょう》）

〔原文〕

それ、人間《にんげん》の浮生《ふしょう》なる相《そう》を・つらつら観《かん》ずるに、おおよそはかなきものは・この世《よ》の始《し》中《ちゅう》終《じゅう》・まぼろしのごとくなる一期《いちご》なり、されば、いまだ万歳《まんざい》の人身《にんじん》を受《う》けたりということをきかず・一生《いっしょう》過《す》ぎやすし、いまにいたりてたれか百《ひゃく》

〔口語訳〕

そもそも人《ひと》の世の浮《う》き草《くさ》のような様相《すがた》を、よく観《み》ていると、何といっても果敢無《はかな》いものは、この世の生《せい》から死《し》までの幻《まぼろし》のような一生《いっしょう》であります。だから、これまで、一万年《いちまんねん》も生きた人が居《い》るということを聞いたことがありません。まことに人生は、あっという間《ま》に過《す》ぎ去《さ》ってしまいます。このような時代に、一体《いったい》だれが百年の生命《いのち》を保

年《ねん》の形体《ぎょうたい》をたもつべきや・われや先《さき》人《ひと》や先《さき》・今日《きょう》ともしらず明日《あす》ともしらず、おくれさきだつ人は・もとのしずくすえの露《つゆ》よりもしげしといえり、されば、朝《あした》には紅顔《こうがん》ありて・夕《ゆうべ》には白骨《はっこつ》となれる身《み》なり、すでに無常《むじょう》の風《かぜ》きたりぬれば・すなわちふたつのまなこたちまちに閉《と》じ・ひとつの息《いき》ながくたえぬれば、紅顔《こうがん》むなしく変じて・桃李《とうり》のよそおい

つことが出来るのでしょうか。私が先《さき》に死ぬのでしょうか。他人《ひと》が先に死ぬのでしょうか。死の訪《おとず》れは、今日《きょう》かも知れず、明日《あす》かも知れません。遅れて死ぬ人、さきだつ人、いずれにしても死ぬ人の数《かず》は、草木《くさき》の根《ね》もとの滴《しずく》、葉の先端《さき》に宿《やど》る露《つゆ》よりも多いと言われています。だから私たちは、朝《あさ》には元気で居《い》たのに、その日の夕方《ゆうがた》には死んで白骨《はっこつ》となってしまっても、決して不思議《ふしぎ》ではない身《み》の上《うえ》なのです。

ひとたび無常《むじょう》（死）の風《かぜ》が吹《ふ》いて来れば、その場で双方《ふたつ》の眼《め》は閉《と》じ、呼吸《いき》が永遠に途《と》

を失《うしな》いぬるときは、六親眷属《ろくしんけんぞく》あつまりて・なげきかなしめども・さらにその甲斐《かい》あるべからず、さてしもあるべきことならねばとて・野外《やがい》におくりて、夜半《よわ》の煙《けむり》となしはてぬれば・ただ白骨《はっこツ》のみぞのこれり・あわれというもなかなかおろかなり、されば、人間《にんげん》のはかなきことは・老少不定《ろうしょうふじょう》のさかいなれば、たれの人も・はやく後生《ごしょう》の一大事《いちだいじ》を心《こころ》にか

絶《だ》えてしまったならば、血色《けっしょく》の良かった顔《かお》も変わり果《は》て、桃李《もも》の花のように美しかった姿も消え失《う》せる時は、父母兄弟妻子《ふぼきょうだいさいし》親戚《しんせき》など集まってどれほど嘆《なげ》き悲しんでも、さらさらその甲斐《かい》などあろう筈《はず》がありません。泣いて許《ばか》りもしておられないという訳《わけ》で、野辺《のべ》の送《おく》りをして夜中《よなか》の煙《けむり》としてしまえば、ただ、白骨《はっこつ》だけしか残りません。悲《かな》しいといっても、こんなに悲しいことはありません。

だから、人《ひと》の世は果敢無《はかな》く、老少不定《ろうしょうふじょう》（年長者が少《わか》い人より先《さき》に死ぬとは定《きま》っていない

けて、阿弥陀仏《あみだぶ》を《と》ふかくたの
みまいらせて・念仏《ねんぶツ》申《もう》すべ《引》き
ものなり、あなかしこ　あな
かしこ

こと）の境界《きょうかい》なのですから、だれでも、どうぞ一時《いっとき》も早く、後生《ごしょう》の一大事《いちだいじ》（死後《しご》どうなるかという大問題。み仏《ほとけ》の国、お浄土《じょうど》に生まれさせていただく事《こと》）を心がけて、阿弥陀如来に深く帰依《きえ》し、念仏の生活をお送りください。　あゝ勿体《もったい》なや、勿体《もったい》なや。

（註）「御文章《ごぶんしょう》」（白骨章《はっこつしょう》）＝今から五百年余り前、本願寺第八世、蓮如上人《れんにょしょうにん》が、ご門徒に対して認《したた》められた二百数十通の書簡《しょかん》の中の一つです。

⑪ 中陰法要

ちゅういんほうよう

◇浄土真宗における中陰の意味

中陰《ちゅういん》とは、古代インドで、衆生《しゅじょう》が今生《こんしょう》の生命《いのち》を終えて（死有《しう》）、次の生命（生有《しょうう》）を得るまでの中間の期間の生命（これは長くて七×七＝四十九日《しじゅうくにち》といわれる）のことで、中有《ちゅうう》ともいい、遺族はこの間、故人の冥福《めいふく》を念《ねん》じ、善根《ぜんこん》を積重《しゃくじゅう》してそれを故人に回向回施《えこうえせ》することによって、後生《ごしょう》の幸せを願うべきだとされました。この思想が我が国に伝わり、中陰の間、遺族は精進潔斎《しょうじんけっさい》し、読経《どっきょう》その他の善根を積むことが行われてきたのです。

浄土真宗に於いては、衆生は如来《にょらい》の願力《がんりき》によって、命終《みょうじゅう》のとき、即時にお浄土に往生《おうじょう》して仏《ほとけ》にならせていただくと示されています。だから遺族が積んだ善根を故人に回向する必要はありません。しかし、愛する親族の逝去《せいきょ》にあって、諸行無常《しょぎょうむじょう》の教説《おしえ》を身にしみて味わい、人生の悲しみを痛感しているこの時こそ、日頃ややもすればおろそかにしがちなお念仏のみ教えを心から聴聞《ちょうもん》し、念仏者として正しく慎《つつし》みのある生活を送る期間として、形の上では通仏教《つうぶっきょう》（他の宗派）の習慣に倣《なら》って、中陰の行事を行います。

◇中陰の日程と勤行について

中陰の数え方は次のとおりです。

例

一日（命日《めいにち》）
六日後
七日（初七日《しょなのか》）
七日後
十四日（二七日《ふたなのか》）
七日後
二十一日（三七日《みなのか》）
〈以後七日ごと四十九日まで続く〉

ただし、浄土真宗においては、大切な法要は前日の逮夜《たいや》（午後）にはじまり、当日の日中《にっちゅう》（午前中、正午まで）に終了することになっています。従って厳密には、初七日は六日の逮夜から七日の日中にかけておつとめすべきでありますが、それが困難な場合は、六日または七日のいずれかにおつとめすればよいかと思われます。

中陰勤行は、原則としてお仏壇に向かって行います。おつとめは「仏説阿弥陀《ぶっせつあみだ》経《きょう》（四頁）」、「念仏」、「和讃二首（二七頁）」（南無阿彌陀仏ノ廻向ノ……　如来大悲ノ恩徳ハ……）、「回向」ですが、地方によって習慣に差があります。

なお、お仏壇の荘厳《しょうごん》は白打敷《しろうちしき》・三具足《みつぐそく》。花は赤色を除きます。また中陰壇にも点《てん》燭《しょく》、供香《ぐこう》いたしましょう。お仏壇の前でのおつとめが終わったあと、中陰壇に向って、偈文・短念仏・回向ていどのおつとめをする場合もあります。

また、七七日・四十九日の満中陰《まんちゅういん》は、他の中陰よりも一段厳重に、大勢の知人親戚にも通知を出して、盛大につとめることがしばしば行われます。

◇三十五日、三ヶ月にわたらないは迷信

中陰に関しては、古来様々な習慣や迷信がありますが、迷信から去って正しい信仰につきましょう。

イ　地方によっては女性の場合、五七日（三十五日）で満中陰にすることがあります。これは、男性に比べて、女性を軽くあつかった昔の考え方が根底にあるようです。或いは、『大無量寿《だいむりょうじゅ》経《きょう》』・四十八願《しじゅうはちがん》の三十五願《さんじゅうごがん》が女性のための誓願《ちかい》（女人往生の願）なので、そこに根拠をおくとの見方もあります。

しかし正式には男女平等に七七日・四十九日をもって満中陰とすべきでしょう。

ロ　満中陰が命日から数えて三ヶ月目にわたってはいけないという迷信が、近年特に流行しているようです。しかしこれは浄土真宗はおろか、あらゆる仏教教義とは何の関係もありません。

この流行は、満中陰志《まんちゅういんし》の品物を早く売りこもうとする販売合戦のあおりであるといわれています。

なお、満中陰志の品物を、香奠《こうでん》返しに配ることは昔からの習慣ですが、それへの費用の一部または全部を、宗門の人材を育てるための資金を拠出している本願寺教学助成財団に寄附することも、近年ひろく行われるようになりました。

⑫ 納骨 のうこつ

◇遺骨はお墓と大谷本廟に分けて納骨

満中陰《まんちゅういん》がすめば、中陰壇《ちゅういんだん》を取り払います。お仏壇の荘厳《しょうごん》も平常にもどします。戸帳《とちょう》は白でなく平常のもの、前卓《まえじょく》は、三具足《みつぐそく》、打敷《うちしき》無し。仏花《ぶっか》も赤などの色花《いろばな》で結構です。遺骨《いこつ》は、これ以後、適当な時期にお墓や大谷本廟《おおたにほんびょう》に納骨します。

◇お仏壇の中に納めるには……

ただし、せめて一周忌までお骨を家に置いておきたいなどと願われる場合には、それでもよろしいのです。

その場合、お骨はお仏壇の中へ納めることになるのが普通ですが、骨箱（骨袋《こつぶくろ》）を最上段の中央に置いて御本尊《ごほんぞん》の前をふさがぬように、一段下の須弥壇《しゅみだん》わきか、そこが狭ければその上か下に安置します。

納骨にさいしては、できれば前もって、おわかれのおつとめをし、お墓におさめます。また金襴《きんらん》の袋に入った遺骨は大谷本廟に納骨いたしましょう。

◇大谷本廟の納骨について

なお本廟納骨に先立って、遺骨を奉持《ほうじ》して御本山にお参りするのは大へん結構なことです。その際、参拝部《さんぱいぶ》で願い出れば御堂《みどう》で、遺骨を安置して読経《どっきょう》もしていただけます。

大谷本廟の納骨には、**祖壇納骨**《そだんのうこつ》（宗祖親鸞聖人《しゅうそしんらんしょうにん》の御遺骨を安置した壇のそばに納骨すること）と**無量寿堂納骨**《むりょうじゅどうのうこつ》とがあります。いずれも当日、本廟会館の事務所で手続きをし、納骨勤行《のうこつごんぎょう》をすませてから納骨いたします。昭和四十四年に完成した無量寿堂には、各寺院あるいは個人名儀の納骨所が合計二万数千基あります。ここに納骨する際には、寺院名儀の納骨所の場合は勿論、個人名儀の納骨所でも、**お寺（住職）の証明書**（無量寿堂納骨届＝所定の用紙がある）を必要とします。いずれにしても、御本山や御本廟に参詣、納骨のときは、**前もって手次寺《てつぎでら》に相談する**のが、何かにつけて便利です。

⑬ 墓 はか

◇浄土真宗のお墓を建てる心得

墓は故人の遺体、遺骨、その他の遺品（髪、爪など）を納める記念碑《きねんひ》です。

昔からお墓のある家庭はしばらくおき、新しく墓碑をおたてになる方々のためにその心得を簡単に記しましょう。

1 近年、一般の社会で流行している墓相学《ぼそうがく》なるものは全く迷信です。

2 浄土真宗で定まった墓碑《ぼひ》の形式はありません。自由です。

3 但し一般には、○○家の墓のような碑名《ひめい》が多いようですが、浄土真宗では、出来れば正面に六字尊号《ろくじそんごう》（南無阿弥陀仏）と彫ることが望ましいとされています。正面が六字尊号の場合、一段下の石に○○家の墓と刻めばよいでしょう。下段に一例を示します。

4 正面が六字尊号でない場合は、墓《ぼ》参《さん》に際しては懐中《かいちゅう》名号《みょうごう》を持参して、それを適当な場所に安置して礼拝《らいはい》いたしましょう。

5 墓碑の傍らに「霊標《れいひょう》」と称して家族名を連ねた石板《せきばん》を建てているのを見かけますが、「霊標」は浄土真宗には用いられない言葉です。「法《ほう》名碑《みょうひ》」あるいは「○○家倶会一処《けくえいっしょ》」程度が望ましいと思われます。

6 墓碑が完成すると、適当な日に（日に良否《りょうひ》・吉凶《きっきょう》はありません）建碑法要《けんぴほうよう》（落慶法要《らっけいほうよう》）を墓前《ぼぜん》で勤修《ごんしゅう》します。その際お骨を納める、納めないは、自由です。

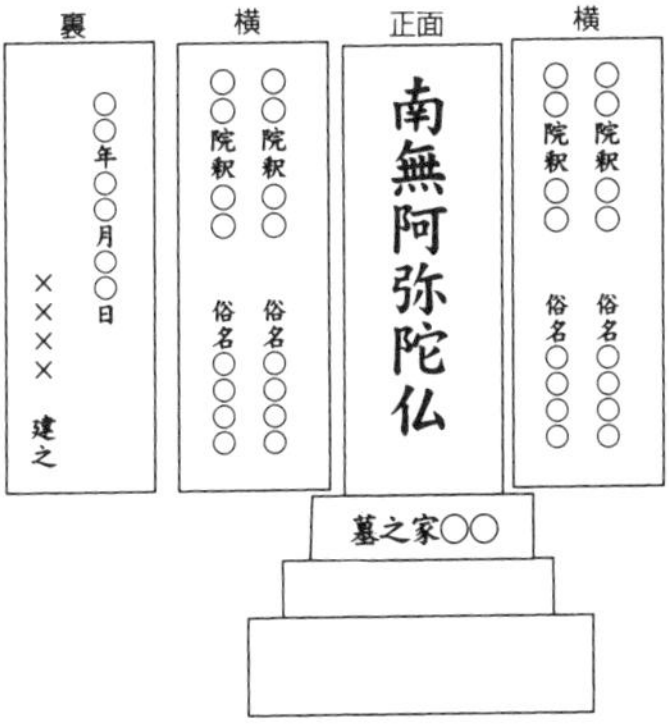

⑭ 各種法要

かくしゅほうよう

以上、家人の逝去にともなう葬儀前後の勤行・法要の基本的な心得を略述いたしましたが、以下、百か日法要や平常の家庭法要について解説いたしましょう。

1 百か日法要

命日《めいにち》から数えて百日目の法要。仏壇の荘厳《しょうごん》は白《しろ》（銀）打敷《うちしき》・三具足《みつぐそく》。花は赤色など華麗なものを除くことは中陰法要と同じです。ただし中陰壇はすでにとりはらっています。

院号《いんごう》法名《ほうみょう》は表装して仏壇の内側壁にかけるのが正式です。（七六頁参照）

2 月忌法要

家々で、朝夕《あさゆう》の礼拝《らいはい》・勤行《ごんぎょう》を行うのが浄土真宗門信徒の心がけであることはいうまでもありませんが、最も一般的な法要として、故人の月々の命日《めいにち》につとめる月忌法要《がっきほうよう》（常逮夜法要《じょうたいやほうよう》）があります。月忌に当たっては、父、母、祖父、祖母など、一人一人の故人の命日に、それぞれ手次《てつぎ》寺《でら》からおまいりに来てもらう習慣の家もあり、それらの中で一番大切な故人の命日を選んで月に一回おまつとめする習慣の家庭もあります。また、月忌にお寺からおまいりしない習慣の土地や家もあり、所により家によりまちまちですが、手次寺と相談して、最も適当と思われる方法をきめればよいでしょう。

　月忌は、厳密には、命日の前日の逮夜《たいや》（午後）から、当日の日中《にっちゅう》（午前中）にかけてつとめます。しかし、前日と当日、合計二回お寺からおまいりしてもらうのは、お寺にとっても家庭としても時間的その他、負担が大きくなりますから、普通は、どちらか一回のおつとめですませます。

　但し御本山においては、宗祖《しゅうそ》・親鸞聖人《しんらんしょうにん》の御月忌《ごがっき》は、毎月十五日のお逮夜から、十六日のお晨朝《じんじょう》および日中《にっちゅう》にかけて厳重な法要が営まれます。

　月忌に際しては、法要の前日、または当日、お仏壇や仏間を掃除して花を立てかえ、お菓子や季節の果物など、心づくしのお供えをいたします。（お供物《くもつ》を供えるときは打敷《うちしき》をかけるのがお荘厳の原則ですが、お供物と言っても正式の供笥《くげ》〔華足《けそく》＝供物を載せる金箔《きんぱく》を押した六角または八角形の台〕に盛るのではなく、高杯《たかつき》その他を用いての簡単なお供えですから、月忌の度《たび》に打敷をかける必要はないかと思われます。）法名軸をお仏壇の内壁にかけ、蝋燭《ろうそく》（白）を用意し、経卓《きょうじょく》を出し、リンを座前《ざぜん》（右膝斜前）

におき、御文章箱《ごぶんしょうばこ》もお仏壇の向かって左側の、拝読にさいして取上げやすい場所に安置し、お仏飯《ぶっぱん》をそなえるなど、心のこもった準備をいたします。

月忌のおつとめは、「仏説阿弥陀経《ぶっせつあみだきょう》」または「偈文《げもん》（讃仏偈《さんぶつげ》か重誓偈《じゅうせいげ》）」、「短念仏」、「回向」です。

月忌に際して当然のことながら大切なことは、家族ができるだけ多数でおまいりすることです。お経の間に別室でお菓子の用意をしたり、御文章拝読のときになってお茶を入れにたったりするのでは、何のための月忌かわかりません。また、お互いに時間の余裕がある場合は、短時間の御法話《ごほうわ》を聴聞《ちょうもん》し、あるいは日頃の心のなやみや教義上の疑問をうちあけて、正しい信仰生活を深めてゆきたいものです。

なお、この日に、たとえば半日（朝、昼二回）を精進《しょうじん》料理ですますなどの古来の美風は、できれば今後も永く持続したいものであります。

3　祥月法要

毎年一度おとずれる故人の命日《めいにち》のことを祥月《しょうつき》命日と申します。たとえば親鸞聖人《しんらんしょうにん》は一月十六日（旧暦十一月二十八日）、蓮如上人《れんにょしょうにん》は五月十四日（旧暦三月二十五日）が祥月命日です。御本山では、親鸞聖人の御祥月は、特に御正忌報恩講《ごしょうきほうおんこう》と称して一週間の御法要がつとまりますが、各家庭においても、故人の祥月は毎月の月忌よりは一段と厳粛におつとめしたいものです。

祥月法要に当たっての用意としては、月忌の場合と格別に変わるところはありません。ただ特に丁重なおつとめをお願いする場合には、前もってお寺へその旨を依頼しておくべきでしょう。祥月法要には、できれば、お供物《くもつ》・打敷《うちしき》のお荘厳をいたしましょう。

4　年忌（年回）法要

中国やわが国では昔は、年を数えるに当たって一番基本になるのは十干十二支《じゅっかんじゅうにし》の組合せでした。同じ組合せがもう一度もどってくるのが六十一年目で、これを還暦《かんれき》というのですが、仏事《ぶつじ》の場合、逝去《せいきょ》の日から一周年目（一周忌）、二周年目（三回忌）などと共に、十二支が半分だけ終わった七年目（七回忌）、十二支が一まわりした十三年目（十三回忌）、同じく二回りした二十五年目（二十五回忌）、および、三、七など奇数の文字のつく十七年目（十七回忌）、三十三回忌、それに五十回忌、百回忌……といった年まわりが、年忌《ねんき》あるいは年《ねん》回《かい》として、大へん重要な年であると考えられ、故人をしのんで法要が勤修されて来ました。

令和五年（二〇二三年）　逝去
令和六年（二〇二四年）　一周忌
令和七年（二〇二五年）　三回忌

令和一一年（二〇二九年）　七回忌
令和一七年（二〇三五年）　一三回忌
令和二一年（二〇三九年）　一七回忌
（二〇四七年）　二五回忌
（二〇五五年）　三三回忌
（二〇七二年）　五〇回忌
（二一二二年）　一〇〇回忌
（以下五十年ごとに）

右は現在、御本山で定められている年回の年次ですが、このほか二十三、二十七、三十五、三十七……と七、五、三のつく年次に年忌法要をつとめる地方もあります。

これらの年忌には、親戚、知友などを招待し、或いは手次寺《てつぎでら》の本堂を拝借し、さらには多数の法中《ほうちゅう》（僧侶）を招待するなどして盛大な法要をつとめる家庭もあります。しかし、単に人があつまればよいというわけではありません。一人一人が心をこめておまいりすることが、なによりも大切です。なお、法要そのものよりも、そのあとの宴会にむしろ重点がおかれているかにみえる場合もあるようです。何年に一度という、そのような機会にこそ、心しずかに故人をしのび、これを貴重な聞法の座とするように、皆が心がけねばなりません。

法要にあたっては、仏壇・仏間の清掃はもちろんですが、三回忌までは仏壇の荘厳はほぼ満中陰《まんちゅういん》、百か日までの法要に準じ、仏花《ぶっか》も赤など華麗な色はさけます。

七回忌以後は、戸帳《とちょう》、華鬘《けまん》、揚巻《あげまき》、打《うち》

敷《しき》も赤などの華麗な色を用い、供物《くもつ》も花も赤をまじえ、蝋燭《ろうそく》も朱色《しゅいろ》をもちいます。

何のお経をおつとめするかはご住職におまかせするのが普通ですが、一般には「三部経」の中の一巻（故人が男子の場合は「無量寿経《むりょうじゅきょう》」。女子は「観無量寿経《かんむりょうじゅきょう》」、子供は「阿弥陀経《あみだきょう》」）をていねいにおつとめします。

地方により、また法要のスケールによって声明《しょうみょう》（梵唄《ぼんばい》＝難しい曲のついたお経）が依用《えよう》されることもあります。

5　報恩講（お取越し）

宗祖親鸞聖人《しゅうそしんらんしょうにん》は弘長《こうちょう》二年十一月二十八日（正午）に御往生《ごおうじょう》になりました。これは新暦で一月十六日に当たるというので、明治初年からは一月九日午後から十六日午前中までの一週間、御本山において御《ご》正忌報恩講《しょうきほうおんこう》がつとまっています。

全国の一般寺院でも、これに倣《なら》って報《ほう》恩講法要《おんこうほうよう》をつとめますが、更に浄土真宗門徒の一軒一軒が、たとえ先祖の祥月法《しょうつきほう》要《よう》はつとめなくとも、昔から報恩講法要だけは必ず勤めてきたのであります。但し、全部の家庭が同時につとめる訳にはまいりません。それで一般寺院や門徒の報恩講は、前年の秋ごろから次々とおつとめし、できれば年内にそれを完了して、御正忌には、みなが揃って御本山にお参りするのが習慣でした。実際、報恩講こそは、親鸞聖人の遺弟《ゆいてい》として、一人一人が、宗祖の御恩徳《ごおんどく》を讃《たた》え、それに報じたてまつる、浄土真宗だけにある美しい尊い法要なのであります。

報恩講の季節がやって来ますと、各家庭ではお仏壇の大掃除をし、輪灯《りんとう》その他の仏具《ぶつぐ》を磨くなど、次第に用意を整えます。

当日は、赤・金など華麗な打敷《うちしき》をかけ、前卓《まえじょく》は五具足《ごぐそく》（蝋燭立《ろうそくたて》、花瓶《かひん》各一対と香炉《こうろ》）にし、仏壇脇の床間《とこのま》には聖人の「御絵伝《ごえでん》」をかけ（前には香卓《こうじょく》・香炉《こうろ》をおく）、御仏飯《おぶっぱん》も聖人《しょうにん》の好物だったと伝えられるお赤飯をおそなえする地方があります。

おつとめに際しては朱蝋燭《しゅろうそく》を点燭《てんしょく》し、「正信念仏偈《しょうしんねんぶつげ》」、「念仏《ねんぶつ》」、「和讃六首引《わさんろくしゅびき》」の勤行。そのあと住職のご法話、御文章拝《ごぶんしょうはい》読《どく》などがあります。終わって一同でお斎《とき》をいただいたり、またその際、近所の子供達をも招待してご馳走し、一緒に〝しんらんさま〟を讃えて、幼い純粋な心にお念仏の教えを植えつけようとして来た地方もあるようです。

近年、浄土真宗は、次第にその特色を失いつつあるという見方もあります。これは全国的に都市化が進み、葬儀その他の法要・儀式も、一宗の伝統や作法を忠実に守ることが困難になって来たことにも原因があるといえましょう。しかし、単に法要・儀式の形式だけでなく、信仰の内容までも、特色——長所・美点——を失うのならば、これは甚だ残念なことと言わねばなりません。年忌法要でも、ややもすれば、仏教界に一般的な単なる祖先崇拝になり、それが聞法求道《もんぼうぐどう》の縁《えん》になっていない憾《うら》みがあります。更に、法要といえば年回に限り、念仏者としての誇りでもある報恩講法要がなおざりになりつつあるかのように思われます。報恩講法要の有無・成否が、その地方・家庭の御法義心《ごほうぎしん》の深度を測る目安の一《ひとつ》となると言えないでしょうか。

なお、年一回の報恩講法要の他に、毎月十五日～十六日を宗祖《しゅうそ》の月忌《がっき》として、朝夕《あさゆう》の勤行を重くするなどの習慣・矜持《きょうじ》を保っている地方・家庭もあります。

◇

弔悼《とむらい》のうた

○通夜勤行のあと、あるいは中陰法要のあとなどで、ご列席の皆様とご一緒にご唱和ください。

磬二声○○（1 帰敬文）

調声　われ今《いま》ここに　遥《はる》けくも
同音　蓮華《はちす》の国《くに》に　ましまして
光《ひかり》と寿《いのち》　極《きわ》み無《な》き
み仏《ほとけ》仰《あお》ぎ　たてまつる

（2 釈尊）

釈迦牟尼仏《しゃかむにぶつ》は　その昔《むかし》
西天竺《さいてんじく》に　あれまして
悟《さと》りを開《ひら》き　世《よ》のために
是《か》くぞ　み教《おし》え　説《と》きたもう

（3　いろはうた）

色《いろ》は匂《にお》えど　散《ち》りぬるを
我《わ》が世《よ》　誰《たれ》ぞ　常《つね》ならん
有為《うい》の　奥山《おくやま》　今日《きょう》越《こ》えて
浅《あさ》き　夢見《ゆめみ》じ　酔《え》いもせず

（4　因縁生起）

実《げ》に　ものみなは　因《いん》により
すがた　形《かたち》を　あらわせど
また縁《えん》により　滅《ほろ》ぶとは
これ永遠《とこしえ》の　真理《まこと》なり

(5 無常 一)

川《かわ》の 流《なが》れは 変《か》わらねど
流《なが》れは もとの 水《みず》ならず
淀《よど》みに 浮《う》かぶ 水泡《うたかた》も
久《ひさ》しく とどまる ことぞ無《な》き

(6 無常 二)

山《やま》も 形《かたち》は 変《か》わるなり
海《うみ》も 姿《すがた》を 改《あらた》めん
世《よ》にあるものの ことごとく
移《うつ》り 変《か》わるは 定《さだ》めなり

（7 誕生）

われら生《いき》とし 生《い》くるもの
父母《ふぼ》を縁《えにし》に 世《よ》に生《あ》れる
尊《とおと》き生命《いのち》 なればこそ
健《すこや》かなれと 願《ねが》いつつ

（8 慈育）

父《ちち》はその子《こ》を 慈《いつく》しみ
母《はは》はその子《こ》を 育《はぐく》めり
父母《ふぼ》の慈愛《じあい》を 身《み》に受《う》けて
生《う》まれ育《そだ》ちし この命《いのち》

（9　み教えと共に）

阿弥陀如来《あみだにょらい》の　量《はか》り無《な》き
光《ひかり》の中《なか》に　包《つつ》まれて
釈迦牟尼仏《しゃかむにぶつ》の　大《おお》いなる
教《おし》えの中《なか》に　導《みちび》かれ

（10　おかげの中に）

数《かず》かぎり無《な》き　人々《ひとびと》と
数《かず》かぎり無《な》き　ものみなの
ユルク
おかげの中《なか》に　我等《われら》また
この世《よ》の生命《いのち》　歩《あゆ》むなり

鏧一声○

（11 人生の春）

調声

春《はる》の日射《ひざ》しは うららと

同音

花《はな》咲《さ》き鳥《とり》は 舞《ま》い歌《うた》い

若《わか》き人《ひと》びと みな共《とも》に

短《みじか》き夢《ゆめ》に たわむれき

（12 人生の夏）

人《ひと》の世《よ》の夏《なつ》 めぐり来《き》て

東《ひがし》に奔《はし》り 西《にし》を訪《と》い

業《わざ》にはげみて 日《ひ》も夜《よる》も

分《わか》たぬ姿《すがた》 束《つか》の間《ま》に

（13 人生の秋）

秋《あき》の野《の》山《やま》の　美《うつく》しく
水《みず》の流《なが》れは　清《きよ》けれど
怨《おん》憎《ぞう》会《え》苦《く》は　盛《さか》りにて
愛《あい》別《べつ》離《り》苦《く》も　また　繁《しげ》し

（14 人生の冬）

冬《ふゆ》の訪《おとず》れ　淋《さび》しきや
吹《ふ》く風《かぜ》寒《さむ》く　身《み》にしめり
木《こ》の葉《は》も枯《か》れて　散《ち》り敷《し》けり
雪《ゆき》霜《しも》白《しろ》し　野辺《のべ》の道《みち》

（15　人生の山坂）

長《なが》き旅路《たびじ》の　常《つね》なれど
苦《く》あり楽《らく》あり　よろこびも
悲《かな》しみも有《あ》り　涙《なみだ》あり
山《やま》あり　谷《たに》も　数《かず》知《し》れず

（16　花と雲）

人《ひと》を愛《あい》して　喜《よろ》こびの
花《はな》の盛《さか》りも　おとないぬ
子《こ》らの手《て》をとり　白雲《はくうん》の
行方《ゆくえ》を追《お》いて　童《わらべ》歌《うた》

(17 老・病)

されど秘《ひそ》かに 忍《しの》び寄《よ》る
老《お》いと病《やまい》は 避《さ》け難《がた》く
思《おも》い乱《みだ》るる 夕《ゆう》まぐれ
まどろめぬ夜《よ》も 幾十度《いくそたび》

(18 生命の終り)

老《お》いも若《わか》きも 幼《おさな》きも
逃《のが》れ難《がた》きは 無常《むじょう》なり
この世《よ》に生《うま》れ いでしより
生命《いのち》の終《おわり》 定《さだ》まれり

（19 死）

悲《かな》しき哉《かな》や　ここにまた
ひとつの生命《いのち》　燃《も》え尽《つ》きぬ
花《はな》のかおばせ　今《いま》いずこ
呼《よ》びても応《こた》え　遂《つい》に無《な》し

（20 往生浄土）

なれどこの人《ひと》　今《いま》は早《は》や
仏《ほとけ》の御《み》手《て》に　抱《いだ》かれて
ユルク
蓮華《はちす》の国《くに》に　生《うま》れては
み仏《ほとけ》となり　たまうなり

磬一声 ○

（21 流転輪廻）

調声 我等《われら》生《い》きとし 生《い》くるもの

同音 量《はか》り知《し》れざる 昔《むかし》より

煩悩《ぼんのう》の黒闇《やみ》 果《は》てしなく

六道《ろくどう》輪廻《りんね》 幾久《いくひさ》し

（22 浄土建立）

苦悩《くのう》の衆生《しゅじょう》 救《すく》わんと

阿弥陀如来《あみだにょらい》は 安楽《しあわせ》の

浄土《くに》を開《ひら》きて 念仏《ねんぶつ》の

人《ひと》をば迎《むか》え たまうなり

〈23 浄土の人〉

仏《ほとけ》の国《くに》に 生《うま》るれば
いと清《きよ》らけく 安《やす》らけく
神通《じんずう》・智慧《ちえ》を 極《きわ》めては
限《かぎ》り無《な》き身《み》と なりたもう

〈24 浄土の風光 二〉

仏《ほとけ》の国《くに》は さまざまの
美《うる》わしき鳥《とり》 舞《ま》い歌《うた》い
昼夜《ちゅうや》六時《ろくじ》に み仏《ほとけ》の
教《おし》えを説《と》きて 徳《とく》たたえ

(25 浄土の風光 二)

宝《たから》の池《いけ》の 蓮《はす》の花《はな》
色《いろ》とりどりに 咲《さ》き匂《にお》い
光《ひかり》を放《はな》ち 芳《かぐわ》しき
香《かおり》は四方《よも》に 満《み》ち満《み》ちぬ

(26 浄土の風光 二)

七宝《しっぽう》の樹々《きぎ》 吹《ふ》く風《かぜ》も
天楽《がく》をば 奏《かな》で聞《き》く聖衆《ひと》は
念《ねん》仏《ぶつ》 念《ねん》法《ぽう》 念《ねん》僧《そう》の
浄《きよ》き思《おも》いに 耽《ふけ》るなり

（27 念仏）

浄土《じょうど》を願《ねが》う　人《ひと》びとも
心《こころ》の支《ささ》え　失《うしな》える
嘆《なげ》きの人《ひと》も　今《いま》はただ
仏《ほとけ》の御《み》名《な》を　称《とな》うべし

（28 常照我）

仏《ほとけ》のみ名《な》を　称《とな》うれば
まどいの眼《め》には　見《み》えねども
仏《ほとけ》は常《つね》に　寄《よ》り添《そ》いて
念仏《ねんぶつ》の人《ひと》　護《まも》るべし

(29 仏道)

かくてぞ我《われ》ら たゆみなく
仏《ほとけ》の照《て》らし たまう道《みち》
歩《あゆ》みて遂《つい》に しあわせの
弥《み》陀《だ》の浄土《じょうど》に 生《うま》るべき

(30 故人の導き)

これも今《いま》は 亡《な》き人《ひと》の
導《みちび》きなるぞ もろともに
ユルク
在《あ》りし年月《としつき》 しのびつつ
南無阿弥陀仏《なもあみだぶ》を 称《とな》うべし

磬一声○

（念仏）

調声

同音

南無阿弥陀仏
なもあみだんぶ

南無阿弥陀仏
なもあみだんぶ

南無阿弥陀仏
なもあみだんぶ

南無阿弥陀仏
なもあみだんぶ

南無阿弥陀仏
なもあみだんぶ

（和讃）

調声

如来大悲の恩徳は
にょらいだいひのおんどくは

同音

身を粉にしても報ずべし
みをこにしてもほうずべし

師主知識の恩徳も
ししゅちしきのおんどくも

ほねをくだきても謝すべし
しゃ

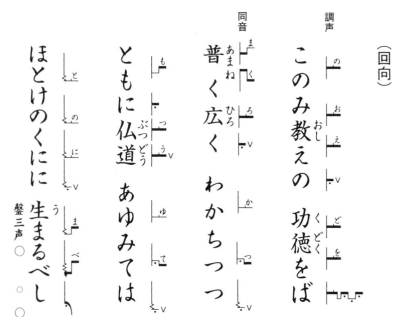

（回向）

調声　このみ教《おし》えの　功徳《くどく》をば

同音　普《あまね》く広《ひろ》く　わかちつつ

ともに仏道《ぶつどう》　あゆみては

ほとけのくにに　生《う》まるべし

鏧三声　○　○　○

あとがき

『浄土真宗本願寺派　葬儀勤行聖典』と題して、小冊子を発行したのは、昭和六十年九月のことだった。

これは、何びとにとっても最も大切な儀式の一つ、一人の尊厳な生命の完結式ともいうべき葬儀が、ややもすれば、ただ形だけに終らんとするかの如き当時の風潮に抗して、そこに依用せられる作法や聖教の意義を解説し、上段に聖教の字句を示し、下段には、その、能う限り簡略な訳文を付して、僧侶が経典を読誦する間、読経を同音せず、耳で聞いているだけの会葬者でも、経文の意味の概要を目で把握できるよう配慮した。

また并せて巻末に、浄土真宗の門信徒として心得ておくべき、葬儀以後の諸法要、行事等について略述したものだった。

爾来約二十年、久しく版を閉していたが、この種の冊子の必要性に鑑み、聞真会会長光森常之師の御諒解を得て、自照社出版の檀特隆行氏の新たな構想の下に、旧著が蘇ることになった。

即ち、前著が、聖教に関しては、葬儀当日に読誦される聖典のみに限定して収録したのに対し、今回は、臨終勤行や満中陰・百ヶ日等にも読誦されることの多い『阿弥陀経』とそれに続く和讃ならびに通夜勤行に際して読誦される正信念仏偈、念仏、和讃六首引、および葬儀に当り、「正信偈」に先立って読誦すべき「表白」の一例を収載し（但し、僧侶が立ち合うことの少い納棺勤行や収骨勤行に依用される「往覲偈」や「讃佛偈」ならびに白骨章以外の「御文章」は紙数の関係で割愛した）、収録した「正信偈」、「帰三宝偈」、「重誓偈」に対しては、前著と同様の訳文を付し、并せてほぼ同様の解説を施している。

なお、本書では巻末に、「弔悼《とむらい》のうた」一篇を収載した。これは、たとえば通夜勤行の後に、そこに集った人びとに、あらためて故人を偲び、人生無常の道理をかみしめ、お念仏を相続していただく縁ともなればとの思いから作成したもので、「らいはいのうた」などと同様の音譜でご唱和たまわればと考える。

因に、「弔悼のうた」は、既に数年前から一部のご寺院でご依用いただき、好評を賜っている。

本書の製作に関して、自照社出版の大隈真実氏、同じく鹿苑誓史氏ほか編集部の皆さんに大へんご苦労をいただいた。記して甚深の謝意を表するものである。

終りに、本書によって、門信徒の皆様の葬儀全般に対する御理解がより一層深まり、お念仏のみ教えが、益々栄える一助となることを、心から念願するものである。

平成十六年九月

豊　原　大　成

＊編著者紹介＊

豊 原 大 成（とよはら だいじょう）

昭和５年９月～令和４年１月。京都大学文学部（哲学科・仏教学）卒業、同大学大学院修士課程修了。インド、ベナレス・ヒンズー大学大学院博士課程。
浄土真宗本願寺派元総長、西宮・西福寺前住職。

著書　『親鸞の生涯』『釈尊の生涯』『真宗表白集』一・二（法藏館）、『浄土真宗本願寺派入門聖典』（鎌倉新書）、『表白文例集』（同朋舎出版）、『建法幢』『仰法幢』（津村別院）、『図譜 声明集』上・下（聞真会）、『ジャータカのえほん』全５巻『おしゃかさま』全６巻『抄訳 佛説無量寿経』『抄訳 佛説観無量寿経』『表白集』一・二『月忌表白集』『三帖和讃ノート 浄土和讃篇』『三帖和讃ノート 高僧和讃篇』『三帖和讃ノート 正像末和讃篇』『正信偈ハンドブック』『お釈迦さま最後の旅と葬儀』『仏弟子ものがたり』（自照社出版）、『浄土真宗本願寺派日常勤行聖典』『抄訳 佛説阿弥陀経』（自照社）ほか。

浄土真宗本願寺派
葬儀・中陰勤行聖典—解説と聖典意訳

2004年９月15日　第１刷発行
2023年４月10日　第11刷発行

編著者　豊 原 大 成
発行所　聞　真　会
兵庫県西宮市西福町14-1　西福寺内
製作 発売　合同会社 自照社
〒520-0112 滋賀県大津市日吉台4-3-7
tel:077-507-8209 fax:077-507-9926
hp:https://jishosha.shop-pro.jp
印　刷　株式会社 図書印刷 同朋舎

ISBN978-4-910494-19-7 ¥600E